ÍNDICE

Bienvenida	6
¿Qué encontrarás en esta agenda?	7
¿Qué es el tarot?	9
Los cinco pasos para una buena lectura	10
Seis pasos para conectar con la intuición en la consulta	12
Código ético del tarot	14
Primer manifiesto del tarot	17
Ficha resumen de los 22 arcanos mayores	20
Bienvenido, 2026	45
El cuento del palo de copas	47

ENERO: Lectura del unicornio 49
Arcano: As de copas 51
Combinación: 8 de oros y as de copas 53
26 cumpleaños de la Escola Mariló Casals 55
La energía de Acuario en el tarot 57

FEBRERO: Lectura «El consejo de Cupido» 59
Arcano: 2 de copas 61
Combinación: 5 de bastos y 2 de copas 63
La energía de Piscis en el tarot 65

MARZO: Lectura de las relaciones de Tinder 67
Arcano: 3 de copas 69
Combinación: 3 de copas y 4 de bastos 71
Congresos de tarot 73

EQUINOCCIO DE PRIMAVERA 74

La energía de Aries en el tarot 77

ABRIL: Lectura del amor para mí y los demás 79
Arcano: 4 de copas 81
Combinación: El Mago y 4 de copas 83
La energía de Tauro en el tarot 85

MAYO: Lectura de la pareja 87
Arcano: 5 de copas 89
Combinación: 5 de copas y los Enamorados 91

La energía de Géminis en el tarot.. 93
Herramientas para tarotistas: ¿Cuándo interpretar una carta
  en positivo o en negativo? 95

JUNIO: Lectura del as de copas.. 97
Arcano: 6 de copas 99

SOLSTICIO DE VERANO 100

Combinación: 3 de oros y 6 de copas 103
La energía de Cáncer en el tarot 105

JULIO: Lectura del corazón...107
Arcano: 7 de copas 109
Combinación: 7 de copas y el Loco...111
La energía de Leo en el tarot 113

AGOSTO: Lectura «Qué piensa de mí, cómo me ve» 115
Arcano: 8 de copas 117
Combinación: 8 de copas y 6 de espadas..119
La energía de Virgo en el tarot 121
Herramientas para tarotistas: La importancia del relato en la interpretación 123

SEPTIEMBRE: Lectura «Me gusta una persona desconocida» 125
Arcano: 9 de copas 127
Combinación: 9 de copas y 6 de oros...129

EQUINOCCIO DE OTOÑO..130

La energía de Libra en el tarot 133

OCTUBRE: Lectura «¿Me conviene una relación?»...135
Arcano: 10 de copas 137
Combinación: 4 de espadas y 10 de copas 139
La energía de Tauro en el tarot 141

NOVIEMBRE: Lectura del sexo..143
Arcano: Sota y caballo de copas 145
Combinación: El Ermitaño y caballo de copas...147
Día Internacional del Taromante...149
La energía de Sagitario en el tarot 151

ESCUELA MARILÓ CASALS
Maria del Mar Tort i Casals

Agenda del Tarot
2 0 2 6
Especial copas

EDICIONES OBELISCO

Calendario 2026

Enero
```
            1  2  ○  4
 5  6  7  8  9  ☽ 11
12 13 14 15 16 17  ●
19 20 21 22 23 24  ☾
26 27 28 29 30 31
```

Febrero
```
                      1
 ○  3  4  5  6  7  8
 ☽ 10 11 12 13 14 15
16  ● 18 19 20 21 22
23  ☾ 25 26 27 28
```

Marzo
```
                      1
 2  ○  4  5  6  7  8
 9  ☽ 11 12 13 14 15
16 17  ● 19 20 21 22
23 24  ☾ 26 27 28 29
30 31
```

Abril
```
    1  ○  3  4  5
 6  7  8  ☽ 10 11 12
13 14 15 16  ● 18 19
20 21 22 23  ☾ 25 26
27 28 29 30
```

Mayo
```
          ○  2  3
 4  5  6  7  ☽  9 10
11 12 13 14 15  ● 17
18 19 20 21 22  ☾ 24
25 26 27 28 29 30  ○
```

Junio
```
 1  2  3  4  5  6  ☽
 8  9 10 11 12 13 14
15  ● 17 18 19 20 21
 ☾ 23 24 25 26 27 28
29  ○
```

Julio
```
    1  2  3  4  5
 ☽  7  8  9 10 11 12
13  ● 15 16 17 18 19
20  ☾ 22 23 24 25 26
27 28  ○ 30 31
```

Agosto
```
                1  2
 3  4  ●  6  7  8  9
10 11 12  ☾ 14 15 16
17 18 19  ○ 21 22 23
24 25 26 27  ☽ 29 30
31
```

Septiembre
```
    1  2  ●  4  5  6
 7  8  9 10  ☾ 12 13
14 15 16 17  ○ 19 20
21 22 23 24 25  ☽ 27
28 29 30
```

Octubre
```
          1  2  ●  4
 5  6  7  8  9 10  ☾
12 13 14 15 16 17  ○
19 20 21 22 23 24 25
 ☽ 27 28 29 30 31
```

Noviembre
```
                ●
 2  3  4  5  6  7  8
 ●  10 11 12 13 14 15
 ☾ 17 18 19 20 21 22
23  ○ 25 26 27 28 29
30
```

Diciembre
```
    ●  2  3  4  5  6
 7  8  ☾ 10 11 12 13
14 15  ○ 17 18 19 20
21 22  ☽ ○ 25 26 27
28 29 30  ●
```

Calendario 2027

Enero
```
             1  2  3
 4  5  6  ●  8  9 10
11 12 13 14  ☾ 16 17
18 19 20 21  ○ 23 24
25 26 27 28  ☽ 30 31
```

Febrero
```
 1  2  3  4  5  ●  7
 8  9 10 11 12  ☾ 14
15 16 17 18 19  ○ 21
22 23 24 25 26 27  ☽
```

Marzo
```
 1  2  3  4  5  6  7
 ●  9 10 11 12 13 14
 ☾ 16 17 18 19 20 21
 ○ 23 24 25 26 27 28
29  ☽ 31
```

Abril
```
       1  2  3  4
 5  ●  7  8  9 10 11
12  ☾ 14 15 16 17 18
19  ○ 21 22 23 24 25
26 27  ☽ 29 30
```

Mayo
```
                1  2
 3  4  5  ●  7  8  9
10 11 12  ☾ 14 15 16
17 18 19  ○ 21 22 23
24 25 26 27  ☽ 29 30
31
```

Junio
```
    1  2  3  ●  5  6
 7  8  9 10  ☾ 12 13
14 15 16 17 18  ○ 20
21 22 23 24 25 26  ☽
28 29 30
```

Julio
```
       1  2  3  ●
 5  6  7  8  9  ☾ 11
12 13 14 15 16 17  ○
19 20 21 22 23 24 25
 ☽ 27 28 29 30 31
```

Agosto
```
                   1
 ●  3  4  5  6  7  8
 ☾ 10 11 12 13 14 15
16  ○ 18 19 20 21 22
23 24  ☽ 26 27 28 29
30  ●
```

Septiembre
```
       1  2  3  4  5
 6  ☾  8  9 10 11 12
13 14  ○ 16 17 18 19
20 21 22  ☽ 24 25 26
27 28 29  ●
```

Octubre
```
             1  2  3
 4  5  6  ☾  8  9 10
11 12 13 14  ○ 16 17
18 19 20 21  ☽ 23 24
25 26 27 28  ● 30 31
```

Noviembre
```
 1  2  3  4  5  ☽  7
 8  9 10 11 12 13  ○
15 16 17 18 19 20  ☽
22 23 24 25 26 27
29 30
```

Diciembre
```
       1  2  3  4  5
 ●  7  8  9 10 11 12
 ○ 14 15 16 17 18 19
 ☽ 21 22 23 24 25 26
 ● 28 29 30 31
```

Símbolos:
○ Luna llena   ☽ Cuarto menguante   ● Luna nueva   ☾ Cuarto creciente

DICIEMBRE: Lectura de la boda o la convivencia 153
Arcano: Reina y rey de copas 155
Combinación: Reina de bastos y reina de copas 157
La energía de Capricornio en el tarot 159

SOLSTICIO DE INVIERNO 160

Cómo despedir el año 163
Correspondencias 164
Cartas para recortar 171
Mis contraseñas 181
Notas 183
Despedida 187
Acerca de la autora 188

BIENVENIDA

¡Bienvenid@ a la *Agenda del Tarot 2026*! Un año más estoy aquí para acompañarte y guiarte en este nuevo año, de la mano de nuestro querido tarot. El tarot es una gran herramienta que nos guía, nos acompaña, nos aconseja, es como ese amigo que siempre está ahí, para darnos su apoyo incondicional.

Antes de empezar quiero agradecerte que hayas comprado esta agenda, esto quiere decir que compartimos nuestra pasión por el tarot y espero que, a lo largo de este año, vuestra amistad y conexión sea más fuerte y más profunda.

Quiero agradecer a Ediciones Obelisco que un año más haya confiado en esta agenda para poder divulgar el tarot y acercarlo a los que lo amamos. Y, cómo no, agradecer al tarot toda la información y ayuda que nos presta.

Como ya habrás visto, esta agenda es un especial COPAS, a lo largo de este año profundizaremos en el palo de copas. El año pasado lo hicimos con el palo de bastos. La primera semana de cada mes explicaré un arcano de copas, la segunda semana una combinación de copas, la tercera herramienta para el/la tarotista. Como novedad, la cuarta semana hablaremos de la energía de los 12 signos en los arcanos.

El resto de los arcanos también nos acompañarán, los podrás ver en las combinaciones, en los consejos y en las afirmaciones, porque el tarot es un sistema completo y necesitamos los 78 arcanos.

Espero y deseo que disfrutes de esta agenda tanto como yo he disfrutado preparándola.

¡FELIZ 2026 Y FELIZ TAROT!

¿QUÉ ENCONTRARÁS EN ESTA AGENDA?

Esta agenda/diario está especialmente diseñada para aprender y trabajar con el tarot. A las personas que están empezando les permitirá ir conectando y aprendiendo tarot. Las que ya están familiarizadas con él, pueden repasar, revisar y reconectar con el tarot.

Este año trabajaremos con los 22 arcanos mayores del tarot de las sensaciones y con los 78 arcanos del tarot Rider Waite Smith, dos tarots clásicos.

Por cada mes se encuentra:

- **Una lectura para poder practicar con unas cartas,** para que puedas tenerla en tu agenda, con una plantilla para escribir tu interpretación. Al final de la agenda, hallarás un cuadro con los significados clave de cada una de las cartas que te facilitará la interpretación.
- **Un arcano de copas,** que permitirá conocer un arcano en profundidad y trabajarlo a nivel personal.
- **Una combinación de dos cartas del tarot Rider Waite Smith,** para aprender a relacionar las cartas entre sí.
- **Herramientas para tarotistas.** En este apartado, cada mes encontrarás recursos para tus interpretaciones y lecturas.
- **Afirmaciones y reflexiones** de los arcanos para trabajarlos durante la semana.
- *Planning* **mensual para que puedas agendar y programar tus actividades.**
- **Ejercicios para trabajar e integrar los arcanos.**

Además:
- **Un cuadro resumen de los significados clave de cada uno de los arcanos mayores:** psicología, trabajo, amor, salud, consejo y significado clave.
- **Un cuadro resumen con los significados de los arcanos menores.**

- **La imagen de un tarot del tamaño adecuado para trabajar en la agenda,** para que puedas hacer fotocopias y recortar para ponerla en las lecturas.
- **12 lecturas con su plantilla-guion,** que facilitan la interpretación de cada una de las lecturas del mes.
- **Cuadros con las correspondencias de los 22 arcanos** con: las plantas, los aromas, los minerales, la astrología, el animal y el mito.
- **4 ejercicios para trabajar las estaciones del año con el tarot.**
- **Afirmaciones de los 22 arcanos** para poder conectar con ellos.

¡Todo ello con la finalidad de ayudarte,
acompañarte y hacer que te resulte más fácil
y más mágico este año 2026!

¿QUÉ ES EL TAROT?

El tarot es un oráculo que está constituido por 22 arcanos mayores y 56 arcanos menores (bastos, copas, espadas y oros).

¿Para qué sirve el tarot?

- Es un oráculo que nos permite observar el pasado, tomar conciencia del presente y ver las tendencias de futuro.
- Nos advierte de las dificultades y nos ayuda a aprovechar las facilidades.
- Es una gran herramienta de autoconocimiento, con la cual podemos ver cómo estamos, cuáles son nuestras virtudes y qué es lo que debemos trabajar.
- Nos ayuda a conocer y entender mejor a los demás, y mejora nuestras relaciones.

Tipos de interpretación con el tarot

Existen distintas maneras de trabajar con el tarot.

- **Tarot predictivo:** quizás sea el más conocido. Nos permite ver el pasado, el presente y las tendencias del futuro.
- **Tarot psicológico:** se utiliza sólo para ver cómo está la persona a nivel psicológico y anímico.
- **Tarot kármico:** nos ayuda a ver de dónde venimos, hacia dónde vamos y qué es lo que tenemos que aprender.
- **Tarot social:** se dedica a interpretar temas sociales, como el deporte o la política.

A lo largo de esta agenda vamos a trabajar con los distintos tipos de interpretación; encontrarás lecturas predictivas, psicológicas y kármicas, que podrás practicar y experimentar tanto contigo mismo como con la gente que desees.

LOS CINCO PASOS PARA UNA BUENA LECTURA

Interpretar las cartas no sólo es saber el significado de cada una de ellas, combinarlas entre sí y poder hacer una interpretación. Además del conocimiento de las cartas y de saber interpretarlas, una buena consulta requiere una buena predisposición interior, saber hacer bien la pregunta, escoger la lectura adecuada, saber «escuchar» a la persona que tenemos delante, tener una buena concentración, saber interpretar el lenguaje corporal de la persona que acude a nosotros, saber escuchar tu propio cuerpo y las señales que te proporciona, conectar con tu intuición, saber abrir y cerrar la consulta, etc.

A continuación explicaremos **cinco pasos** que son claves para poder realizar una buena lectura de tarot.

1. La pregunta debe ser clara y estar bien formulada

Muchas veces nos encontramos con preguntas ambiguas, confusas. Si la pregunta es ambigua, la respuesta no será clara. Si queremos una respuesta concreta, la pregunta también debe serlo. Ésta tiene que ser lo más neutra posible. No vale preguntar: «¿Me despedirán?». Aquí estamos proyectando, de manera que la pregunta adecuada sería la siguiente: «¿Cuál será la evolución de mi trabajo?». Y las cartas ya nos dirán las tendencias.

2. Elegir la lectura adecuada

Una vez que tengamos la pregunta clara, tendremos que buscar la lectura que vaya mejor para el tema. Para preguntas complejas no podemos elegir lecturas muy sencillas, ya que nos proporcionarán poca información y pocos matices. Existen lecturas para temas muy concretos que nos facilitan la interpretación y la respuesta. Por ejemplo, si alguien ha perdido un objeto de valor, podemos utilizar una lectura concreta o la lectura del objeto perdido. Esta lectura nos facilitará mucho más la respuesta.

3. Buena concentración al barajar y cortar

Éste es un momento muy importante, porque de este proceso saldrán las cartas que tendremos que interpretar. Es necesario que estemos concentrados y que pensemos en la pregunta que vamos a realizar. Es clave que visualicemos (imaginemos) la lectura que vamos a utilizar. Es en este momento cuando tendremos que estar fluidos y abiertos a nuestra intuición.

4. Escuchar a nuestro cuerpo y estar atentos al lenguaje corporal del consultante

Debemos estar atentos a los mensajes que nos proporciona nuestro cuerpo, ya que son señales que provienen de la intuición, que debemos saber interpretar, y esto sólo podemos hacerlo siendo conscientes y centrando la atención en nuestro cuerpo. También es bueno que estemos atentos al lenguaje corporal de la persona que tenemos delante, ya que nos ayudará a ver cómo está y cómo le está sentando lo que le vamos diciendo. Esto nos permitirá poder adecuar nuestras palabras y la manera de comunicar.

5. Cerrar bien la consulta

Todo lo que se abre debe cerrarse. Debemos cerrar la lectura que hemos abierto con la pregunta. Para ello, basta con que barajemos las cartas pensando y visualizando que cerramos la consulta. Esto quiere decir que cuando hayamos cerrado la consulta, ya no pensaremos más en los temas que han salido a lo largo de la sesión, y esto es importante, porque, de lo contrario, iremos cargando con temas que no son nuestros y podemos llegar a enfermar.

Interpretar el tarot es un arte que requiere el conocimiento de las cartas, el trabajo personal del tarotista, un buen método, dejar fluir la intuición, estar abierto a las sensaciones, respeto al consultante, y, sobre todo, amor y entrega por una técnica que nos da tanto. Espero que estos cinco puntos te sirvan tanto como me han servido a mí.

SEIS PASOS PARA CONECTAR CON LA INTUICIÓN EN LA CONSULTA

En una buena consulta de tarot intervienen muchos factores: conocimiento de los arcanos, capacidad de interpretación, buen método, valores y presencia, pero si existe un factor que es especial, éste es la intuición. Saber fluir y conectar con nuestra intuición es lo que hará que la interpretación sea única, especial e irrepetible. Como decimos en clase, la intuición en una lectura es el «broche de oro», lo que le da brillo. A continuación, vamos a explicar seis pasos que pueden ayudarte a conectar con tu intuición:

1. Haz un centramiento

Antes de empezar la consulta, prepara la sala y tus cosas, y busca un instante para realizar un pequeño centramiento. Cierra los ojos, respira hondo y toma conciencia de lo que vas a hacer: «UNA CONSULTA».

2. Suelta todo lo que traes mental y físicamente

Puedes hacerlo mediante el centramiento. O, cuando entres en consulta, visualiza todas tus preocupaciones o todos tus pensamientos y déjalos fuera. Si tienes alguna molestia física, haz lo mismo: déjala fuera. Si estamos llenos de nuestras cosas, no podremos conectar con nuestra intuición.

3. Visualiza y pon conciencia en tu intuición

Dar un color y una forma a la intuición y situarla nos ayudará a estar más abiertos a ella y conscientes de ella. Podemos visualizar un punto lila en el entrecejo y, con nuestra voz interior, podemos decir: «Confío en mi intuición».

4. Ábrete a la persona que tienes delante

Cuando tenemos a la persona delante, debemos tener una actitud abierta. Una manera que va muy bien para poder conectar con esta persona es visualizar una burbuja que la rodea, otra que nos rodea a nosotros y cómo ambas se juntan. Esto te ayudará a conectar con ella.

5. Déjate fluir

Escucha a tu cuerpo, tus sensaciones, las señales que puedas recibir. En función de si eres más visual, auditivo o corporal, serás más sensible a unas señales u otras. Escucha tus corazonadas y confía en ellas.

6. Da las gracias

Al final, cuando termines, agradece la intuición, y da las gracias de poder conectar con ella.

Espero que estos o algunos de estos puntos puedan ayudarte. Es posible que muchas de estas cosas ya las hagas de manera inconsciente y automática, aunque otras puedes probarlas e incorporar las que te resulten adecuadas. Estas recomendaciones son fruto de la experiencia de muchos años de consulta que comparto contigo.

CÓDIGO ÉTICO DEL TAROT

1. Creemos en el libre albedrío

Las cartas indican, pero no sentencian. Cuando interpretamos una lectura del tarot, vemos cómo está cada situación en esos momentos y hacia dónde se dirige. A partir de ahí, es el propio consultante quien decide si va por este camino o por otro.

2. Informamos de las opciones, no tomamos decisiones

Ante cualquier decisión del consultante, nosotros informamos de las diferentes opciones, pero es la persona quien debe decidir hacia dónde quiere ir, cómo y cuándo. Eso sí, nosotros debemos informarle de qué es lo que puede encontrarse en cada camino.

3. Respetamos las maneras de pensar y hacer

No juzgamos. En ningún caso emitiremos juicios internos ni externos del consultante. Cada uno tiene sus razones y nadie es ni peor ni mejor. Nosotros no sabemos cómo actuaríamos en esas mismas circunstancias y con las experiencias de otro.

4. Ayudamos a aprovechar y a sacar el máximo partido de los potenciales del consultante y de cada momento

Los oráculos son herramientas con las que podemos ayudar y guiar muy bien a los demás. Una de las maneras es fomentar los potenciales y recursos que todos tenemos y que muchas veces no vemos o no somos conscientes de ellos. Y cuando vemos un buen momento en cualquier ámbito (trabajo, sentimientos, dinero, crecimiento personal…), debemos hacer que el/la consultante lo aproveche al máximo.

5. Detectamos las posibles dificultades y buscamos soluciones y maneras para evitarlas o superarlas

Cuando veamos una dificultad, con independencia de la que sea, ya sea pequeña o grande, siempre tendremos que avisar a nuestro consultante y orientarlo de manera positiva sin asustar. Deberemos ver cómo podemos superar o evitar las situaciones más complejas y, si no es posible, hallar el camino más suave y qué aprendizaje debe realizar para superar de la mejor manera la dificultad. Nunca seremos deterministas ni negativos, ya que esto sólo inquietaría más a nuestro consultante y empeoraría la situación. A nosotros nos corresponde ayudar a la persona consultante a ver otras opciones y posibilidades.

6. Utilizamos un lenguaje claro y adecuado

Es muy importante emplear un lenguaje que se entienda, que sea cercano, concreto y claro, sin divagar ni dispersarnos. Tendremos que evitar lenguajes muy técnicos (sobre todo en astrología).

7. Confidencialidad de la información

Tanto de la que hemos recibido por parte del consultante como de las recomendaciones y orientaciones en sentido amplio y profundo. La persona que ha acudido a nosotros lo ha hecho con toda la confianza y merece la privacidad de todo lo que se ha explicado y de su propia persona. Siempre aplicaremos el secreto profesional.

8. No utilizaremos información en beneficio propio

No emplearemos nunca, ni directa ni indirectamente, la información en beneficio propio.

9. Sólo las acciones y decisiones de la persona consultante pueden modificar su futuro

La única cosa que nosotros podemos y debemos hacer de la mejor manera posible es orientar. La última palabra sólo la tiene el propio consultante con su trabajo personal. Por lo tanto, nunca intervendremos de ninguna manera para modificar su futuro, ni con magia ni dirigiéndole la vida ni diciéndole lo que debe hacer.

10. Tendremos un precio establecido previamente, definiendo el servicio que ofreceremos

La retribución deberá ajustarse a la dedicación, la capacidad y la experiencia contrastada. Informaremos de las características del servicio que ofrecemos en nuestros materiales de difusión y a la hora de concertar una visita, indicando la duración de la consulta, si adjuntaremos algún documento o grabación y su precio.

Si lo deseas, puedes adherirte al código ético en:
www.eticaytarot.com

Código Ético del Tarot
consulta el código ético en www.eticaytarot.com

PRIMER MANIFIESTO DEL TAROT

«Este manifiesto nace de la unión entre tarotistas de distintas partes del mundo que han colaborado para crear la Red Internacional de Congresos de Tarot».

Desde la organización y coordinación de los distintos congresos internacionales de tarot que se celebran en diferentes países (España, México, Argentina, Ecuador y Chile), nos reunimos para defender y dignificar el tarot y su buen uso.

Hoy, 650 años después de las primeras noticias documentadas de la existencia del tarot, queremos reivindicar lo siguiente:

- **El tarot forma parte de nuestra historia y cultura.** Sus láminas y dibujos forman parte de la iconografía de la cultura occidental y nos ayudan a comprender nuestra sociedad y sus valores. El tarot es un elemento clave en la historia del arte y en la comprensión de la simbología.

- **El tarot como oráculo.** Cada cultura ha creado su propio oráculo, reflejando los valores y filosofía de vida del territorio en el que se ha desarrollado. El *I ching* en Oriente, las runas en la cultura celta y el tarot en Europa occidental. Comprender el papel de cada oráculo nos ayuda a entender su historia, sus tradiciones y sus valores.

- **El tarot como método de adivinación.** En pleno siglo XXI, los oráculos tradicionales son menospreciados mientras se rinde culto a nuevos «oráculos» de apariencia más moderna, como la economía, la estadística o los estudios prospectivos. La humanidad siempre ha necesitado prever el futuro, y hoy, igual que ayer, el tarot y otros oráculos ancestrales siguen siendo tan válidos como siempre.

- **El tarot como herramienta de desarrollo personal.** El tarot es, sobre todo, un libro de la vida. Gracias a él, podemos comprendernos mejor a nosotros mismos y a nuestro entorno. El trabajo con las cartas del tarot tiene que servirnos de espejo de nosotros mismos. Nos permite comprender mejor nuestra situación actual y la manera de afrontar mejor los retos que la vida nos pone.

Por todo ello, todos nosotros nos comprometemos y queremos:

- **Visibilizar el buen tarot y los buenos tarotistas,** poniendo en valor su trabajo y construyendo nuevos referentes.

- **Intentar revertir los estereotipos del tarotista charlatán.** Durante mucho tiempo, e incluso hoy en día, existen personas que trabajan el tarot sin respeto ni conocimiento, que dan una mala imagen del sector.

- **Trabajar para difundir el conocimiento serio y riguroso del tarot** a través de: congresos, jornadas, eventos, libros, artículos y dinamización de las redes.

- **Promover la formación, la investigación** y todo lo que ayude a conocer mejor y con más profundidad el tarot.

- **Contribuir al empoderamiento del tarotista,** de tal manera que podamos decir con la cabeza bien alta a qué nos dedicamos sin que tengamos que sentirnos juzgados ni ser considerados «bichos raros».

- **Favorecer un contexto social** en el que el tarot sea visto como una herramienta de orientación y de ayuda.

Creemos en el tarot.
Reivindicamos las cartas como elemento de trabajo personal y profesional, **como herramienta de orientación** ante los retos que nos plantea la vida.

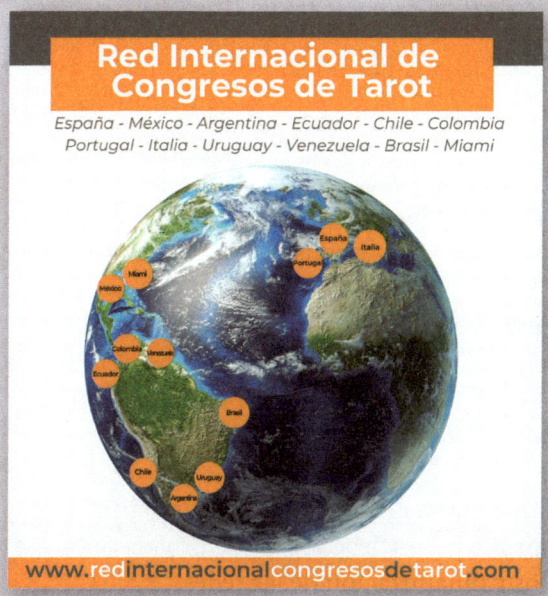

Directores de los diferentes congresos internacionales de tarot:
España: M.ª del Mar Tort Casals
México: Jorge Luis Serrano
Argentina: Fran Valiani
Ecuador: Lucrecia Maldonado y Pancho Prado
Chile: Magda Muñoz y Anita Muñoz
Colombia: Patricia Bolívar
Portugal: Isabel Gomes
Italia: Franco Rossi
Uruguay: Rodrigo Díaz y Mariana
Venezuela: Eduardo Servigna
Brasil: Nei Naiff
Miami: Samira Montoya

FICHA RESUMEN
DE LOS 22 ARCANOS MAYORES

Psicología: comunicador, habilidoso, inteligente, trabajador, creativo, con iniciativa.

Trabajo: con recursos, independiente, trabajador, con iniciativa, resolutivo.

Amor: trabaja la relación, comunica los sentimientos.

Salud: médico de cabecera.

Consejo: utiliza todos tus recursos y habilidades.

Conceptos clave: trabajo, recursos, capacidad de comunicar e iniciativa.

Psicología: prudente, tranquila, entregada, reflexiva, discreta, intuitiva.

Trabajo: con experiencia y conocimientos, perseverante, estudios, reciclajes.

Amor: leal, entregada, relaciones estables.

Salud: dolores de cabeza, enfermedades propias de las mujeres mayores, estabilidad.

Consejo: escucha a tu interior.

Conceptos clave: estudios, reflexión, rica vida interior.

Psicología: creativa, inteligente, coqueta, sensual, disfruta de la vida, sociable, dotes de mando.

Trabajo: jefa, con dotes de mando, sociable, creativa, autónoma.

Amor: necesita tener pareja. Buena amante, sensual, cariñosa. Buenas relaciones.

Salud: aparato reproductor femenino. Enfermedades de la piel.

Consejo: disfruta, sé creativa. Saca el máximo partido de tu feminidad.

Conceptos clave: creatividad, sensualidad, maternidad, dotes de mando, sociabilidad.

Psicología: inteligente, don de mando, poderoso, organizador, con valores, luchador.

Trabajo: jefe, trabajo estable, seguro, organizado y ambicioso.

Amor: apasionado, fuerte y protector. Le gusta tener pareja.

Salud: enfermedades típicas del estrés. Aparato reproductor masculino.

Consejo: organízate y lucha. Sé ambicioso. Ten coraje.

Conceptos clave: lucha, dotes de mando, organizador.

Psicología: sabio, amable, tranquilo, consejero, mediador, conservador, con valores.

Trabajo: estable y tranquilo, prestigio y conocimientos, sabiduría, experiencia.

Amor: fiel, tranquilo, tradicional, cariñoso, más espiritual que pasional.

Salud: próstata. Especialista.

Consejo: busca la estabilidad. Busca una persona que te aconseje.

Conceptos clave: mediador, especialista consejero, estabilidad.

Psicología: dulce, comprensivo, romántico y emotivo, que debe tomar una decisión.

Trabajo: en el que nos implicamos, disfrutamos, tenemos más de un trabajo.

Amor: sentimientos profundos, atracción, amor, enamoramiento, decisión o elección.

Salud: brazos y pulmones. Decisiones médicas. Autoestima.

Consejo: implícate. Decídete. Ama.

Conceptos clave: amor, elecciones, artístico, «más de uno».

Psicología: con personalidad, idealista, entusiasta, dinámico, responsable.

Trabajo: desplazamiento, movimiento, el trabajo avanza, nuevas oportunidades.

Amor: sentimientos cálidos y apasionados, relación dinámica y que evoluciona.

Salud: vitalidad y buena salud. Aparato locomotor.

Consejo: muévete. Coge las riendas y avanza.

Conceptos clave: jovial, vehículo, desplazamiento, coger las riendas.

Psicología: íntegra, imparcial, severa, justa, equilibrada, exigente con una misma y los demás.

Trabajo: contratos, impuestos, trabajo estable, justo en proporción trabajo/sueldo.

Amor: equilibrado y estable, compromiso, papeles de la pareja, bodas, divorcios…

Salud: equilibrada. Pruebas médicas. Equilibrio emocional.

Consejo: valora los pros y los contras. Sé justa.

Conceptos clave: exámenes, papeles, sopesar pros y contras, compromisos.

Psicología: introvertido, tranquilo, gran vida interior, conservador, austero y paciente.

Trabajo: que viene del pasado y que sigue en el futuro, contrato indefinido.

Amor: duradero, un poco rutinario y poco expresivo emocionalmente.

Salud: enfermedades crónicas o de larga duración. Tratamientos largos.

Consejo: es momento de tomarse las cosas con calma. Sé realista y prudente.

Conceptos clave: lentitud, búsqueda, pasado, cronicidad, aprendizaje.

Psicología: alegre, extrovertida y espontánea, desea evolucionar, veleta.

Trabajo: evolución y movimiento, renovación del contrato, inversión.

Amor: evolución, felicidad compartida, alegrías, sin rutinas.

Salud: evolución de la enfermedad. Los costes.

Consejo: aprovecha las oportunidades. Es momento de crecer y mejorar.

Conceptos clave: movimiento, dinero, renovaciones, evolución.

Psicología: fuerte, inteligente, voluntad, no se deja llevar por los impulsos.

Trabajo: planifica, visión de futuro, gran capacidad de trabajo.

Amor: fiel, fuerte e inteligente, que busca seguridad y estabilidad.

Salud: buena salud, energía vital. Otorrinolaringólogo.

Consejo: actúa con fuerza e inteligencia.

Conceptos clave: autocontrol, energía, constancia, mano izquierda.

Psicología: altruista, entregado, abnegado, sacrificado, bloqueado, estancado.

Trabajo: entrega, sacrificio, cambiar de punto de vista, baja laboral.

Amor: sacrificado, platónico, ataduras, sufrimiento, bloqueo emocional.

Salud: convalecencia, baja. Bloqueos.

Consejo: mira las cosas desde otro punto de vista. Es momento de sacrificarse.

Conceptos clave: parón, poner límites, otro punto de vista, sacrificio.

Psicología: proceso de cambios, renovación constante, frío, radical, tajante.

Trabajo: cambio radical de departamento o trabajo.

Amor: cambio de sentimientos, enfriamiento, ruptura.

Salud: huesos y espalda. Cambio de tratamiento o de hábitos.

Consejo: necesitas un cambio o una transformación.

Conceptos clave: cambios radicales, transformación, reciclaje, invierno.

Psicología: tolerante, comunicativa, adaptable, moderada, solidaria, serena y empática.

Trabajo: un trabajo que fluye. Liquidez, intercambio, adaptable, conversaciones.

Amor: estable, sentimientos tranquilos, buen entendimiento.

Salud: buena salud, protección. Aparato digestivo. Tratamiento oral.

Consejo: adáptate. Coméntalo.

Conceptos clave: adaptabilidad, liquidez económica, viajes en avión, llamada.

Psicología: inteligente, astuto, instinto de supervivencia, egoísta, mentiroso, traicionero.

Trabajo: complicaciones, traición, ambiente crispado, infracción, estrés.

Amor: pasional y sexual, celos, posesivo.

Salud: complicaciones, enfermedades de transmisión sexual.

Consejo: ten cuidado. Sé astuto.

Conceptos clave: complicaciones, materialismo, riesgo, traiciones.

Psicología: expansiva, que desborda energía, brusca, imprevisible, temeraria.

Trabajo: empresa, ampliación, pérdidas, imprevistos, liberación.

Amor: decepción, ruptura, liberación de ataduras y prejuicios.

Salud: accidentes, hospitales, enfermedades repentinas.

Consejo: libérate. Cuidado con los imprevistos.

Conceptos clave: inmuebles, empresa, liberación, ruptura, destrucción-construcción.

Psicología: intuitiva, sensible, tierna, alegre, optimista, vital, entusiasta, con ilusiones.

Trabajo: posibilidades óptimas, aprendiz, beneficios, buen ambiente.

Amor: felicidad, ilusión, tierna, romántica, primer amor.

Salud: buena salud y protección. Aparato urinario.

Consejo: ilusiónate. Ten esperanza y confía.

Conceptos clave: jovialidad, primavera, protección, suerte, ilusión, oportunidad.

Psicología: emotiva, intuitiva, sensible, imaginativa, indecisa, desilusionada, con miedo.

Trabajo: negocios raros, en negro, poco claros, esotéricos, dificultades, enemigos.

Amor: desilusión, poca claridad, desconfianza. Amores ocultos, amor que hace aguas.

Salud: enfermedad en general. Sangre. Presión arterial.

Consejo: confía en la intuición.

Conceptos clave: enemigos ocultos, noche, otoño, agua, cosas poco claras.

Psicología: entusiasta, alegre, cálido, vital, claro, mente brillante, líder, confianza.

Trabajo: éxito, brillante, reconocimiento, trabajo con socios, familia o niños.

Amor: felicidad, alegría, sentimientos cálidos y generosos, compartir.

Salud: buena salud. Ojos, piel, fiebre. Enfermedades infantiles.

Consejo: confía en ti. Muéstrate claro y franco. Comparte.

Conceptos clave: niños, verano, día, socios, clientes, compartir, éxito, claridad.

Psicología: renovación, examen de conciencia, inventario, reflexión, replanteamiento.

Trabajo: inventario, auditoría, despertar de un negocio, renovación.

Amor: replanteamiento, momento de evaluar y, si es necesario, enmendar, despertar de sentimientos.

Salud: es momento de cuidar de la salud. Chequeo.

Consejo: momento de tomar conciencia de uno mismo.

Conceptos clave: replanteamientos, perdonar, inventario, llamada, cosas del pasado.

Psicología: popular, carismático, feliz, ingenioso, visión de futuro, realización, plenitud.

Trabajo: reconocimiento, prestigio, buen momento para ascender o pedir aumentos.

Amor: relación óptima, buen funcionamiento de la pareja, fecundidad.

Salud: buena salud. Embarazo.

Consejo: disfruta del éxito. Ábrete al mundo.

Conceptos clave: éxito, logros, extranjero, embarazo.

Psicología: altruista, idealista, ingenioso, despreocupado, independiente, impulsivo.

Trabajo: original, proyectos nuevos. Contratos temporales. Falta de experiencia.

Amor: relación con poca base, inmaduro y alocado, aventura.

Salud: inestabilidad emocional, enfermedades mentales, descuido de la salud.

Consejo: no te disperses. Lánzate. Piensa antes de actuar.

Conceptos clave: inicio y fin, cosas pasajeras o temporales, inestabilidad.

Carta	BASTOS
As	Oportunidad para iniciar un proyecto. Entusiasmo e iniciativa para emprender cualquier cosa. Pasión.
Dos	Base sólida. Influencias y contactos. Poder sobre personas y circunstancias. Persona bien situada a nivel social y económico.
Tres	Inteligencia emocional. Nuevos horizontes, abierto a proyectos nuevos. Oportunidad de comercio. Deporte o ejercicio físico. Si algo no le conviene, capacidad para darle la espalda.
Cuatro	Celebración de logros, grandes o pequeños, que son importantes para la persona. Compartir las alegrías. Adaptabilidad y estar abierto al entorno.
Cinco	Lucha sana. Competitividad. Defender las propias ideas y puntos de vista. Lucha interna.
Seis	Éxitos y logros. Conquista. Liderazgo. Aclamación.
Siete	Mantenerse alerta por aquellas cosas que puedan llegar. Capacidad para ver venir las dificultades. Capacidad para superar los problemas que puedan surgir. Estar al acecho.
Ocho	Proyectos en el aire con posibilidades de realización. Ideas bien encaminadas. Energía mental y creatividad. Rapidez.
Nueve	Recelos y desconfianza por dificultades del pasado. Capacidad para seguir adelante a pesar del cansancio físico y mental. Obstáculos que se han superado y que se pueden superar. Necesidad de poner barreras, límites.
Diez	Exceso de cargas y responsabilidades. No sabe delegar. Sólo falta el último esfuerzo, ya llega.
Rey	Hombre de bastos (fuego). Persona enérgica, optimista y con voluntad. Franca y vital. Con confianza en uno mismo.
Reina	Mujer de bastos (fuego). Persona optimista y vital. Enérgica y cercana. Confía en ella misma.
Caballo	Circunstancias que se mueven con agilidad, con rapidez. Personajes de características de fuego que van y vienen.
Sota	Jóvenes de bastos (fuego). Enérgicos e impulsivos. Buenos compañeros y joviales. Entusiastas y vitales. Noticias: de trabajo o de proyectos. Comunicación: clara, franca y entusiasta.

Carta	COPAS
As	Oportunidad para empezar algo que te llenará emocionalmente. Inicio de una relación sentimental. Plenitud. Fertilidad.
Dos	Acuerdo, colaboración, compromiso. Compartir. Intercambio desde el corazón. Compromiso amoroso.
Tres	Alegría compartida. Fiesta y celebración. Vida social, alternar.
Cuatro	Valoración de las oportunidades. Metas logradas importantes y que no quiere perder. No se deja influenciar. Conservar lo conseguido.
Cinco	Tristeza, pesimismo. Sólo ve lo que ha perdido o lo que no tiene. Bajón emocional.
Seis	Recuerdos de la infancia. Ilusión y detalles que damos o que vienen de los otros. Niños. Pueblos.
Siete	Fantasía, ilusión. Imaginación y creatividad. Castillos en el aire. Dispersión. Inspiración: cine, teatro, literatura.
Ocho	Emprender nuevos caminos. Busca lo que realmente te satisfaga y llene. Metas que parecen montañas, pero que a medida que vas avanzando, vemos que no son tan difíciles.
Nueve	Satisfacción de nuestros logros emocionales. Persona que cuenta «batallitas». Necesidad de estabilidad emocional. Pasividad. Tendencia a engordar.
Diez	Alegría y plenitud. Compartir con los tuyos. Deseos de dejar un mundo mejor. Ecología y sostenibilidad.
Rey	Hombre de copas (agua). Imaginativo y sensible. Se implica y se entrega. Necesita querer y ser querido.
Reina	Mujer de copas (agua). Sensible y romántica. Detallista y entregada. Protectora y maternal.
Caballo	Movimiento tranquilo. Las cosas avanzan sin prisa pero sin pausa. Es un ir haciendo con calma. Personas de agua que van y vienen.
Sota	Jóvenes de agua. Sensible y emotivo. Imaginativo y cariñoso. Necesita caricias y mimos. Noticias: de sentimientos. Comunicación: agradable, suave, sensible y tranquila.

Carta	ESPADAS
As	Oportunidad de iniciar una idea que tenemos en la mente. Capacidad de cortar con aquello que ya no necesitamos. Nuevas ideas.
Dos	Equilibrio entre corazón y mente. Aislamiento voluntario. Escucha su interior. No se deja influenciar. Se encuentra entre la espada y la pared.
Tres	Dolor. Pérdida. Traición.
Cuatro	Descanso. Cargar pilas preparándose para lo que ha de venir. Momento de poner orden en las ideas, analizar una detrás de otra. Convalecencia, excedencia. Retiro voluntario.
Cinco	Aprovecharse del entorno. Abuso y ganar con trampas. Egoísmo y actuar con maldad.
Seis	Viajes (ir o venir). Ir en busca de emociones más calmadas. Necesidad de tomar distancia y ver las cosas desde lejos.
Siete	Cosas pasajeras o efímeras. Diplomacia, estrategia. *Camping, caravaning.*
Ocho	Nos sentimos atados. Emociones poco claras, inseguras, con poca base. Confusión. Problemas en nuestro entorno.
Nueve	Baja laboral. Obsesión, remordimientos. Incapacidad de actuar. Impotencia. Insomnio. Lo ve todo negro, confusión.
Diez	Tocar fondo. Malestar general. Falta de energía. Ya sólo se puede ir hacia arriba. Dificultad que no sólo le afecta a uno, sino también al entorno.
Rey	Hombre de espadas (aire). Inteligente y analítico. Recto y exigente. Necesidad de control.
Reina	Mujer de espadas (aire). Rígida e inflexible. Mental y analítica. Sabia y autoritaria.
Caballo	Circunstancias muy rápidas. Defender a capa y espada las ideas o creencias. Personas de espadas que van y vienen.
Sota	Jóvenes de espadas. Inteligentes y rápidos mentalmente. Se enteran de todo. Buen comunicador, sabe hacer las preguntas adecuadas. Noticias: de temas legales o conflictos. Comunicación: con claridad y agilidad. No sólo comunica, sino que también sabe sacar información.

Carta	OROS
As	Oportunidad para empezar algo que te enriquece económica o personalmente. Oportunidad de empezar algo disfrutando. Ambición sana. Ganas de mejorar en todos los ámbitos.
Dos	Hacer equilibrios ante las adversidades. Infinidad de recursos para adaptarse. Oportunidades de negocio. Inestabilidad emocional.
Tres	Cosas a largo plazo y con buena base. Colaboración. Especialización. Vocación. Lugar/edificio público. Iglesia/catedral.
Cuatro	Es momento de conservar y mantener. Momento de ahorrar dinero, esfuerzos, etc. Avaricia.
Cinco	Pobreza a todos los niveles. La preocupación no nos permite ver más allá. Necesidad de ayuda externa. Ya no siente nada, sus emociones están congeladas.
Seis	Ser justo y generoso. Temas legales y préstamos. Valorar. Reparto de bienes.
Siete	Mantén y cuida lo que has conseguido con gran esfuerzo. Paciencia con optimismo y esperanza. Cosas a medio/largo plazo. Sembrar para recoger.
Ocho	Perseverancia, perfeccionismo. Especialización. Aprendizaje. Clase trabajadora.
Nueve	Prosperidad y abundancia. Saber disfrutar de lo que se tiene, no necesitar más. Soledad bien llevada. Refinamiento. Clase media/alta. Jardines.
Diez	Proteger y vigilar sin entrometerse. Prosperidad familiar y éxito a cualquier nivel. Mecenas, protector. Cuida a los tuyos pero sin agobiar. Para recibir, primero hay que dar. Para recoger, hay que invertir.
Rey	Hombre de oros (tierra). Práctico y realista. Trabajador y ahorrador. Necesita estabilidad y seguridad.
Reina	Mujer de oros (tierra). Práctica y trabajadora. Ahorradora y conservadora. Fértil y ambiciosa.
Caballo	Circunstancias que se mueven lentamente. No da un paso hasta que ha consolidado el anterior; para avanzar necesita tener las cosas controladas. Personas de tierra que van y vienen.
Sota	Joven de oros (tierra). Práctico y realista. Mira por su futuro. Sabe administrar sus recursos y dinero. Noticias: de dinero y situaciones que nos pueden enriquecer. Comunicación: clara y concreta.

ENERO

PLANIFICADOR
MENSUAL

LUNES	MARTES	MIÉRCOLES	JUEVES	VIERNES	SÁBADO	DOMINGO
☐	☐	☐	☐	☐	☐	☐
☐	☐	☐	☐	☐	☐	☐
☐	☐	☐	☐	☐	☐	☐
☐	☐	☐	☐	☐	☐	☐
☐	☐	☐	☐	☐	☐	☐

RECORDATORIOS

FEBRERO

PLANIFICADOR
MENSUAL

LUNES	MARTES	MIÉRCOLES	JUEVES	VIERNES	SÁBADO	DOMINGO
☐	☐	☐	☐	☐	☐	☐
☐	☐	☐	☐	☐	☐	☐
☐	☐	☐	☐	☐	☐	☐
☐	☐	☐	☐	☐	☐	☐
☐	☐	☐	☐	☐	☐	☐

RECORDATORIOS

MARZO

PLANIFICADOR
MENSUAL

LUNES	MARTES	MIÉRCOLES	JUEVES	VIERNES	SÁBADO	DOMINGO
☐	☐	☐	☐	☐	☐	☐
☐	☐	☐	☐	☐	☐	☐
☐	☐	☐	☐	☐	☐	☐
☐	☐	☐	☐	☐	☐	☐
☐	☐	☐	☐	☐	☐	☐

RECORDATORIOS

ABRIL

PLANIFICADOR
MENSUAL

LUNES	MARTES	MIÉRCOLES	JUEVES	VIERNES	SÁBADO	DOMINGO
☐	☐	☐	☐	☐	☐	☐
☐	☐	☐	☐	☐	☐	☐
☐	☐	☐	☐	☐	☐	☐
☐	☐	☐	☐	☐	☐	☐
☐	☐	☐	☐	☐	☐	☐

RECORDATORIOS

MAYO

PLANIFICADOR
MENSUAL

LUNES	MARTES	MIÉRCOLES	JUEVES	VIERNES	SÁBADO	DOMINGO
☐	☐	☐	☐	☐	☐	☐
☐	☐	☐	☐	☐	☐	☐
☐	☐	☐	☐	☐	☐	☐
☐	☐	☐	☐	☐	☐	☐
☐	☐	☐	☐	☐	☐	☐

RECORDATORIOS

JUNIO

PLANIFICADOR
MENSUAL

LUNES	MARTES	MIÉRCOLES	JUEVES	VIERNES	SÁBADO	DOMINGO
☐	☐	☐	☐	☐	☐	☐
☐	☐	☐	☐	☐	☐	☐
☐	☐	☐	☐	☐	☐	☐
☐	☐	☐	☐	☐	☐	☐
☐	☐	☐	☐	☐	☐	☐

RECORDATORIOS

JULIO

PLANIFICADOR
MENSUAL

LUNES	MARTES	MIÉRCOLES	JUEVES	VIERNES	SÁBADO	DOMINGO
☐	☐	☐	☐	☐	☐	☐
☐	☐	☐	☐	☐	☐	☐
☐	☐	☐	☐	☐	☐	☐
☐	☐	☐	☐	☐	☐	☐
☐	☐	☐	☐	☐	☐	☐

RECORDATORIOS

AGOSTO

PLANIFICADOR
MENSUAL

LUNES	MARTES	MIÉRCOLES	JUEVES	VIERNES	SÁBADO	DOMINGO
☐	☐	☐	☐	☐	☐	☐
☐	☐	☐	☐	☐	☐	☐
☐	☐	☐	☐	☐	☐	☐
☐	☐	☐	☐	☐	☐	☐
☐	☐	☐	☐	☐	☐	☐

RECORDATORIOS

SEPTIEMBRE

PLANIFICADOR
MENSUAL

LUNES	MARTES	MIÉRCOLES	JUEVES	VIERNES	SÁBADO	DOMINGO
☐	☐	☐	☐	☐	☐	☐
☐	☐	☐	☐	☐	☐	☐
☐	☐	☐	☐	☐	☐	☐
☐	☐	☐	☐	☐	☐	☐
☐	☐	☐	☐	☐	☐	☐

RECORDATORIOS

OCTUBRE

PLANIFICADOR
MENSUAL

LUNES	MARTES	MIÉRCOLES	JUEVES	VIERNES	SÁBADO	DOMINGO
☐	☐	☐	☐	☐	☐	☐
☐	☐	☐	☐	☐	☐	☐
☐	☐	☐	☐	☐	☐	☐
☐	☐	☐	☐	☐	☐	☐
☐	☐	☐	☐	☐	☐	☐

RECORDATORIOS

NOVIEMBRE

PLANIFICADOR
MENSUAL

LUNES	MARTES	MIÉRCOLES	JUEVES	VIERNES	SÁBADO	DOMINGO
☐	☐	☐	☐	☐	☐	☐
☐	☐	☐	☐	☐	☐	☐
☐	☐	☐	☐	☐	☐	☐
☐	☐	☐	☐	☐	☐	☐
☐	☐	☐	☐	☐	☐	☐

RECORDATORIOS

DICIEMBRE

PLANIFICADOR
MENSUAL

LUNES	MARTES	MIÉRCOLES	JUEVES	VIERNES	SÁBADO	DOMINGO
☐	☐	☐	☐	☐	☐	☐
☐	☐	☐	☐	☐	☐	☐
☐	☐	☐	☐	☐	☐	☐
☐	☐	☐	☐	☐	☐	☐
☐	☐	☐	☐	☐	☐	☐

RECORDATORIOS

CONSEJO DEL TAROT PARA EL MES

Enero
....
....
....
....
....
....

Febrero
....
....
....
....
....
....

Marzo
....
....
....
....
....
....

Abril
....
....
....
....
....
....

Mayo

Junio

Julio

Agosto

Septiembre

....
....
....
....
....
....

Octubre

....
....
....
....
....
....

Noviembre

....
....
....
....
....
....

Diciembre

....
....
....
....
....
....

BIENVENIDO, 2026

2 + 0 + 2 + 6 = 10

Estamos ante las puertas de un nuevo año, 2026. Vamos a conectar cada uno de los dígitos de este año con su arcano del tarot, y así podremos analizar la energía de este nuevo ciclo.

Si recordamos el año pasado, el 2025 sumaba 9, fue un año para cerrar. Este 2026, si el año pasado cerramos bien es un año para iniciar, para crecer, para expandirnos. Pero si no fuimos capaces de cerrar y aprender, puede que sea un año en el que se repitan aquellos temas que quedaron abiertos para que los cerremos.

Las dos Sacerdotisas nos siguen invitando a conectar con nuestro interior y a confiar en nuestra intuición. El Loco nos invita a buscar nuevos caminos de conexión interna y espiritual. Pero la energía nueva de este año es la carta de los Enamorados. Va a ser un año para actuar desde el amor para implicarnos en aquello que hagamos. El arcano 6 nos invita a querernos a nosotros mismos para poder querer a los demás. Nos sugiere disfrutar de lo bueno de la vida, apreciar y conectar con lo bello, desarrollando nuestros talentos y cualidades artísticas. Nos invita a relacionarnos con los demás desde una energía armoniosa y amorosa. Será un año en el que se nos van a presentar múltiples caminos y deberemos saber escoger bien. Tomar las decisiones adecuadas escuchando nuestro corazón será el reto de este 2026. Es el primer arcano desde hace años que se nos presenta con distintos personajes, deberemos tomar conciencia de los demás. Será bueno que combinemos los espacios individuales de meditación y reflexión que nos piden las Sacerdotisas con la sociabilidad que nos reclama el arcano 6.

La suma de los 4 dígitos nos da 10, que corresponde a la Rueda de la Fortuna. Sigue siendo una carta kármica igual que las cartas de los dos últimos años, la Justicia y el Ermitaño. Estos tres años son años para que aprendamos, abramos nuestras conciencias para crecer como personas a nivel interior, pero también para que la sociedad mejore. Este año con la Rueda es una nueva oportunidad para poder crecer en los distintos ámbitos de nuestra vida: mejorar nuestro cuidado al cuerpo y a la tierra, crecer emocionalmente queriéndonos a nosotros mismos y a los demás, expandiendo nuestra mente y nuestras ideas para ver un poco más allá de nuestros intereses y evolucionar espiritualmente de la mano de nuestras creencias.

La Rueda de la Fortuna nos ofrece la oportunidad de dar un giro a nuestra vida, a nuestro entorno y a la sociedad para poder crecer de otra manera, con otro espíritu y otra conciencia. La Rueda de la fortuna es un arcano 10 que suma 1. Pero éste 1 de la Rueda es un 1 con experiencia porque dentro de él está el 9, 8, 7, el 6, etc. Es un inicio para dar un salto, ir a un nivel superior.

Ahora que ya sabes que este año es un número 1, para saber cómo te influye a ti personalmente, sólo tienes que sumar 10 a tu número personal que sale de la suma de tu año de nacimiento. A nivel general, a todos nos toca la energía de la Rueda. ¿Cómo me va a influenciar a mí?

Por ejemplo: mi fecha de nacimiento es 24/12/1966, sumando todos los dígitos me sale 31. Como 31 es mayor que 22, lo resumo a un dígito, 3 + 1 = 4, éste es mi número. Entonces como este año es un año 10, 10 + 4 da 14, mi arcano será la Templanza. Prueba ahora con tu fecha de nacimiento.

Deseo que éste sea un gran año para ti y para todos los tuyos. Deseo que el tarot te acompañe, te guie y te inspire.

¡Feliz 2026!

EL CUENTO DEL PALO DE COPAS

Como te he comentado al principio de esta agenda, este año va a ser un año «especial copas», y por esto empezaremos con un cuento para que te sea fácil conectar con ellas.

Las copas están relacionadas con el elemento agua y representan las emociones, la imaginación y la intuición. Los signos de agua son Cáncer, Escorpio y Piscis. Vamos con el cuento:

«Tenemos el corazón abierto, nos sentimos afortunados y tenemos la oportunidad de empezar algo que nos llena **(as de copas)**. Aparece la persona con la que podemos compartir esa ilusión, este nuevo proyecto **(2 de copas)**. Y esto es motivo de celebración y nos gusta compartir esta alegría con los que nos rodean **(3 de copas)**. Llega un momento en el ya hemos conseguido una estabilidad emocional y no estamos abiertos a nuevas oportunidades **(4 de copas)**. Pero después nos damos cuenta que hemos perdido la energía y la esperanza, ello hace que nos sintamos tristes, pesimistas y que no veamos lo que aún tenemos **(5 de copas)**. Recordamos con nostalgia y cariño los buenos momentos pasados, todos los detalles y alegrías que hemos vivido **(6 de copas)**. Esto nos hace volver a soñar y a hacer castillos en el aire **(7 de copas)**. Llegado este punto, tenemos el coraje de dejar atrás aquello que no nos llena y emprendemos un nuevo camino **(8 de copas)**. Hasta que encontramos la estabilidad emocional y nos sentimos satisfechos de todo lo que hemos sentido y vivido **(9 de copas)**. Es en este momento cuando compartimos con los nuestros la alegría de vivir **(10 de copas)**».

¡Deseo que disfrutes de este palo tan mágico!

Abre tu corazón y prepárate para vivir un año lleno de emociones.

ENERO

Lectura del unicornio

Estamos empezando el año y creo que hacerlo conectando con nuestra magia es una buena manera de iniciar un nuevo ciclo. Ésta es una lectura para dejarte fluir, una lectura que te permite conectar con una parte que todos tenemos, pero a la que a veces no le hacemos caso. Tómate unos minutos para ti, concéntrate, conecta con tu interior y conecta con la magia que tienes dentro, escucha lo que tiene que decirte a través de esta lectura.

Puedes realizarla sólo con los 22 arcanos mayores o con los 78.

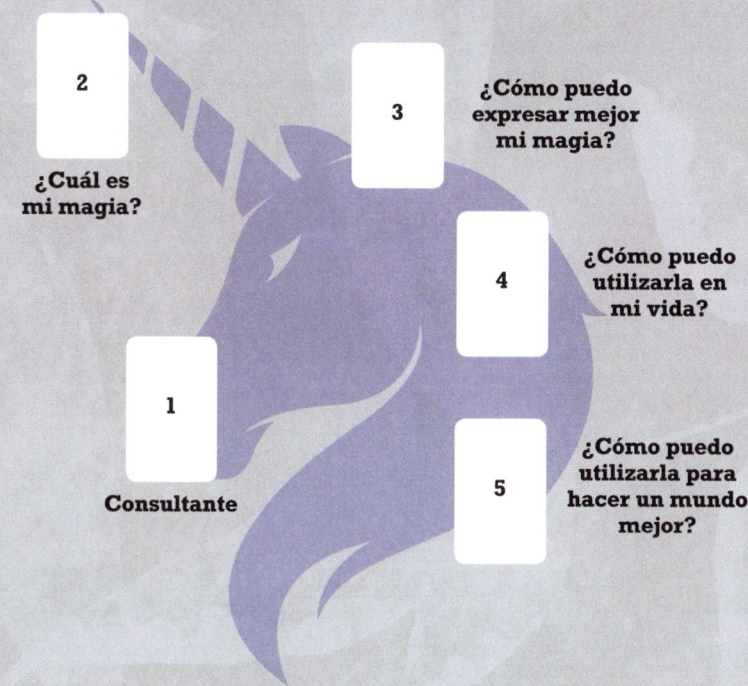

Haz tu propia lectura. Recorta las cartas que encontrarás al final de esta agenda y colócalas como se indica.

ENERO

1 JUEVES

7 DE OROS: sigo cuidando para poder recoger lo máximo.

2 VIERNES

3 SÁBADO

4 DOMINGO

Mi carta para la semana es el 4 de bastos.
¿Qué me aconseja?
....
....
....

ENERO

ARCANO: AS DE COPAS

El as de copas nos habla de la oportunidad que nos ofrece el destino para iniciar algo que nos haga felices, que nos llene, que nos satisfaga.

Observamos una mano que viene del futuro, ofreciéndonos algo nuevo que puede presentarse. Esta mano sostiene una copa, un cáliz. Este cáliz tiene grabada la letra «M» del revés, representa nuestro cuerpo. Es de color amarillo, somos cada uno de nosotros, como seres inteligentes receptivos y abiertos a las emociones. Observamos una paloma, Espíritu Santo que trae una Sagrada Forma para consagrar estas emociones y ayudarnos a conectar con nuestra espiritualidad.

En la interpretación, este arcano nos indica nuevos inicios y oportunidades a nivel sentimental. Puede hablarnos del inicio de una relación amorosa. Si tenemos pareja, del inicio de un proyecto que nos haga felices, del nacimiento de un hijo. En lo laboral nos puede hablar de que nos llegue la oportunidad de conseguir algo que siempre nos había hecho ilusión.

¿Qué oportunidades desearías que se te presentasen en estos momentos de tu vida?

Escribe 3 momentos en los que te has sentido feliz, pleno y realizado emocionalmente:

1. _____
2. _____
3. _____

ENERO

5 LUNES

La Rueda: aprovecho las oportunidades que me ofrece el destino para poder seguir creciendo.

6 MARTES

7 MIÉRCOLES

8 JUEVES

9 VIERNES

Mi carta para la semana es el 10 de oros.
¿Qué me aconseja?
....
....
....

ENERO

COMBINACIÓN: 8 DE OROS Y AS DE COPAS

La carta del 8 de oros nos muestra una persona que está trabajando duro para poder conseguir sus metas. Hace un trabajo de manera escrupulosa y con todo detalle. Mientras perfecciona su trabajo también gana valor porque adquiere mejor destreza y mejora sus habilidades.

El as de copas le está mostrando una oportunidad para poder trabajar mejor y sentirse más feliz. En esta combinación nos advierte de estar atentos a las oportunidades, porque si sólo nos centramos en nuestro trabajo, corremos el riesgo de pedernos cosas buenas. También podría representar que cuando nos esforzamos y nos preparamos podemos atraer oportunidades.

Si observamos bien, podemos ver que estos dos arcanos pueden integrarse bien porque ambos se miran. Es un buen momento para unir esfuerzo y sentido práctico con imaginación y sensibilidad. Ambos pueden llegar a crear algo que sea único y que los llene. El as da la oportunidad de elevar su trabajo.

Si el as hubiese salido la primera, el 8 estaría dando totalmente la espalda a nuevos inicios, a nuevas experiencias más emotivas.

---

10 SÁBADO

---

11 DOMINGO

ENERO

12 LUNES

6 de oros: soy justo y generoso conmigo y con los demás.

13 MARTES

14 MIÉRCOLES

15 JUEVES

16 VIERNES

Mi carta para la semana es el 4 de oros.
¿Qué me aconseja?
....
....
....

ENERO

26 CUMPLEAÑOS DE LA ESCOLA MARILÓ CASALS

Todavía estamos con la resaca de los 25 años y ya estamos celebrando los 26 años de l'Escola Mariló Casals. Quería empezar agradeciendo a todos los que se unieron a lo largo del año pasado para celebrar el 25 aniversario. Ha sido un año lleno de actividades, regalos, encuentros y sorpresas y tengo que decir que me lo he pasado genial, he disfrutado muchísimo. Esta celebración también fue acompañada de reflexiones importantes, nos llevó a ver todo lo que habíamos logrado en estos años y empezar a pensar dónde queremos llegar.

Es ahora, en este mes de enero donde realmente empezamos esta nueva etapa, estamos estrenando un nuevo ciclo, unos nuevos retos. Proyectos a medio y largo plazo para poder seguir como siempre haciendo aquello que tanto amamos, que es enseñar y dignificar esas grandes herramientas que son tarot, astrología, numerología, brujería tradicional, etc.

Este 2026 es el pistoletazo de salida de esta nueva etapa, contamos con la experiencia, las ganas y sobre todo con la compañía de todos vosotros, de nuestra gran familia de l'Escola que es nuestro motor. Gracias por acompañarnos y querernos.

Gracias al tarot y a la vida.

---

17 SÁBADO

---

18 DOMINGO

ENERO

19 LUNES

Sota de copas: comunico con dulzura desde el corazón.

20 MARTES

21 MIÉRCOLES

22 JUEVES

23 VIERNES

Mi carta para la semana es la Estrella.
¿Qué me aconseja?

ENERO

LA ENERGÍA DE ACUARIO EN EL TAROT

Acuario es un signo de aire: mental, analítico, estratega, con curiosidad intelectual y facilidad de comunicar. Al estar en la mitad de una estación del año es un signo fijo, necesita mantener y es de ideas fijas. Su regente es Urano, que le da esa capacidad de anticiparse y de modernidad que le aporta un toque diferente y original. Entre otras muchas cosas, rige la astrología.

La Estrella es una carta que tiene la capacidad de ver lo que los otros no ven y de captar las señales que el universo le envía. Representa a una persona que se muestra tal cual, es transparente, que sabe que forma parte de un plan mayor. Y también representa la astrología. Conectada a la jovialidad y a grandes ideales.

La reina de espadas es una mujer inteligente, estratega, independiente y de ideas fijas. Cuando ella quiere algo se enfoca en ese propósito y corta con todo aquello que pueda distraerla. Tiene la capacidad de dar la espalda al pasado para centrase en el futuro.

¿Cómo te conectas con esta energía? ¿Te gusta la astrología? ¿Sabes enfocarte en tus proyectos? ¿Puedes interpretar las señales que te envía el universo?

---

24 SÁBADO

---

25 DOMINGO

ENERO / FEBRERO

26 LUNES

El Carro: tomo las riendas de mi vida para conseguir mi objetivo.

27 MARTES

28 MIÉRCOLES

29 JUEVES

30 VIERNES

31 SÁBADO

1 DOMINGO

Mi carta para la semana es el 2 de oros.
¿Qué me aconseja?

FEBRERO

Lectura «El consejo de Cupido»

El mes de febrero es el mes de los enamorados y no podíamos dejar de preguntarle a Cupido por el amor. Esta lectura te permitirá tomar conciencia de cuáles son tus deseos amorosos y de tus experiencias pasadas. Podrás ver cómo está tu corazón aquí y ahora y cómo proyectarte hacia el futuro. Si tú ya tienes pareja, con esta lectura podrás dar una información valiosa a los demás.

Puedes realizar esta lectura sólo con los 22 arcanos mayores o con los 78.

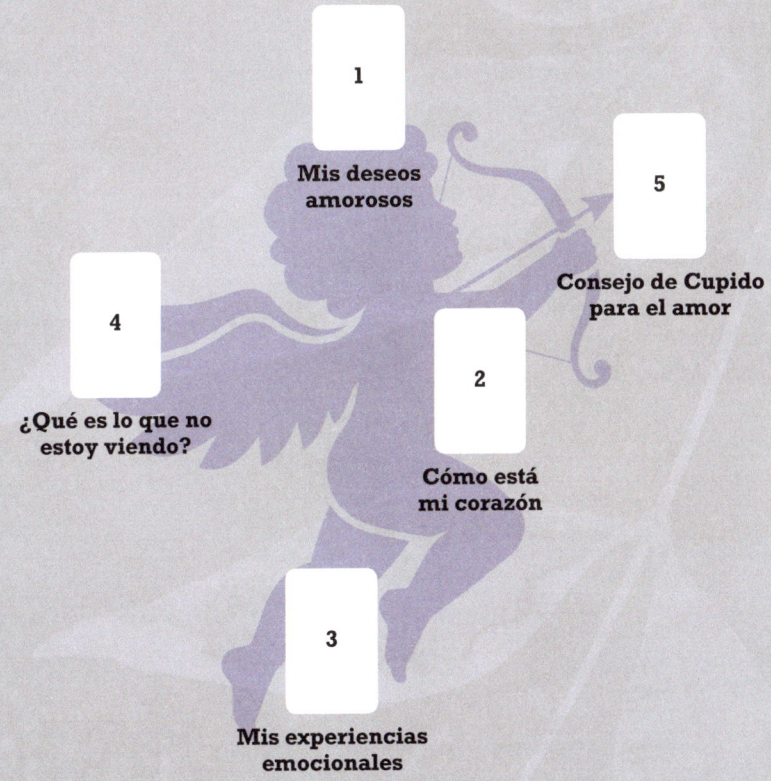

1. Mis deseos amorosos
2. Cómo está mi corazón
3. Mis experiencias emocionales
4. ¿Qué es lo que no estoy viendo?
5. Consejo de Cupido para el amor

Haz tu propia lectura. Recorta las cartas que encontrarás al final de esta agenda y colócalas como se indica.

FEBRERO

2 LUNES

10 DE BASTOS: soy capaz de soltar las cargas que llevo.

3 MARTES

4 MIÉRCOLES

5 JUEVES

6 VIERNES

Mi carta para la semana es el 3 de oros.
¿Qué me aconseja?
....
....
....

FEBRERO

ARCANO: 2 DE COPAS

En este arcano observamos dos personas que se están intercambiando las copas. Dos personas, un hombre y una mujer que son muy diferentes, lo podemos ver por las distintas ropas que llevan, que nos hablan de su personalidad. Es una relación de igual a igual, están a la misma altura, ninguno manda más que el otro. Están ofreciéndose sus sentimientos. Encima de ellos el león alado representa la sublimación de los sentimientos y la pasión que hay entre ellos.

La montaña que hay en el fondo de la carta representa su objetivo. Si nos fijamos bien, en lo alto podemos ver una casita, lo que ellos desean es conseguir formar un hogar. Si miras la carta del 10 de oros podrás ver la misma casita, es esta misma pareja que ya ha logrado hacer realidad sus sueños.

En la interpretación, esta carta nos habla de un amor correspondido, de boda o compromiso. De la capacidad de saber dar, pero también de saber recibir. En lo laboral nos puede hablar de acuerdos, de apoyos de colaboración con otras personas desde la buena fe y la confianza.

¿Te sientes mejor dando o recibiendo? ¿Qué podrías hacer para equilibrarlo?

7 SÁBADO

8 DOMINGO

FEBRERO

9 LUNES

9 DE ESPADAS: identifico y supero mis pensamientos negativos.

10 MARTES

11 MIÉRCOLES

12 JUEVES

13 VIERNES

Mi carta para la semana es la Templanza.
¿Qué me aconseja?
....
....
....

FEBRERO

COMBINACIÓN: 5 DE BASTOS Y 2 DE COPAS

En esta combinación podemos observar a una pareja que se están entregado y compartiendo su amor. Se quieren y tienen un compromiso y ganas de avanzar en su relación sentimental.

En el 5 de bastos vemos a diferentes personas que están intentando defender sus puntos de vista, sus creencias frente a los otros que defienden las suyas. Este arcano, al estar al lado del 2 de copas, nos indica que estos dos personajes pueden tender a competir entre ellos, puede que cada uno intente defender su postura frente a la de otro. Hay algún tema en el que ambos quieren tener razón y ninguno de ellos quiere ceder.

Puede hablarnos de ciertas disputas entre una pareja, de cierta confrontación. Si hablamos de algún pacto o acuerdo con el 5 de bastos es cuando están debatiendo entre distintas posturas y están intentando negociar. Como está primero el dos de copas, podría indicarnos que ahora están bien y que más adelante pueden venir ciertas tensiones. Si la combinación estuviese en el orden inverso, primero el 5 de bastos, nos diría que ha habido luchas y tensiones, pero que han podido resolverlas.

14 SÁBADO

15 DOMINGO

FEBRERO

16 LUNES

El Mago: soy capaz de hacer magia en mi vida, creo en ella y la utilizo.

17 MARTES

18 MIÉRCOLES

19 JUEVES

20 VIERNES

Mi carta para la semana es el caballo de oros.
¿Qué me aconseja?

CABALLO DE OROS

FEBRERO

LA ENERGÍA DE PISCIS EN EL TAROT

El signo de Piscis es un signo de agua: sensible, emotivo, imaginativo e intuitivo. Al estar al final de una estación del año, es un signo mutable tiene una buena capacidad de adaptación. Piscis es un signo soñador, que necesita sus espacios para desconectar del mundo real, es sensible a las debilidades de los demás y tiende a ayudar y querer salvar a todos.

El Colgado representa la capacidad de poder parar para poder conectar con nuestra esencia divina, para poder recargarnos energéticamente y para poder conectar con nuestra intuición e inspiración. Es un arcano que se entrega a los desfavorecidos, que sabe sacrificarse por un bien mayor y posee la capacidad para poder ver las cosas desde puntos de vista diferentes.

La sota de copas, como todas las sotas, se conecta con la energía de los signos mutables, por la capacidad que tienen de adaptarse. Esta sota representa a los jóvenes sensibles, emotivos y soñadores. Nos habla de la comunicación agradable y armoniosa, delicada y con una gran sensibilidad artística.

¿Cómo conectas con su energía? ¿Eres soñador? ¿Cómo va tu intuición? ¿Te gusta ayudar a los demás?

21 SÁBADO

22 DOMINGO

FEBRERO / MARZO

23 LUNES

El Ermitaño: ilumino mi interior para descubrir los tesoros que llevo dentro.

24 MARTES

25 MIÉRCOLES

26 JUEVES

27 VIERNES

28 SÁBADO

1 DOMINGO

Mi carta para la semana es el as de bastos.
¿Qué me aconseja?

MARZO

Lectura de las relaciones de Tinder

Hoy en día, la manera de encontrar pareja ha cambiado mucho, lo hacemos a través de las aplicaciones como Tinder. Esta lectura te permitirá analizar a tres candidatos que sean de tu interés para poder ver cuál de ellos puede ser más interesante. Esto te dará una información muy útil para relacionarte y priorizar tu interés y esfuerzo.

Puedes realizarla sólo con los 22 arcanos mayores o con los 78.

Haz tu propia lectura. Recorta las cartas que encontrarás al final de esta agenda y colócalas como se indica.

MARZO

2 LUNES

La Emperatriz: disfruto de lo bueno que me da la vida y lo comparto.

3 MARTES

4 MIÉRCOLES

5 JUEVES

6 VIERNES

7 SÁBADO

8 DOMINGO

Mi carta para la semana es la Justicia.
¿Qué me aconseja?

MARZO

ARCANO: 3 DE COPAS

El 3 de copas es una carta de alegría. Observamos tres chicas que están celebrando con alegría todo lo que tienen. Cada una de estas chicas tiene su propia personalidad, una es más apasionada y enérgica (vestida de color rojo), otra es más serena y tranquila (vestida de blanco) y la tercera es más clara e inteligente (vestida de amarillo). Las tres se unen para compartir y celebrar todo lo bueno que les da la vida. Ellas se sienten abundantes, a sus pies tienen frutas y hortalizas, no les falta de nada.

Esta carta representa la capacidad de celebrar y agradecer todo lo bueno que nos da la vida. No hace falta que sean grandes cosas, ni cosas importantes, como es el caso del 4 de bastos. Nos recuerda que en la vida y cada día mientras estamos vivos, tenemos motivos para celebrar y festejar algo bueno, sólo hace falta saberlo ver.

En la interpretación nos hablará de alegría y celebración compartida. En lo laboral podemos celebrar algún éxito conseguido, podemos celebrar que hemos superado la semana, que tenemos un buen equipo. En lo amoroso nos dice que estamos felices de lo que tenemos y compartimos.

¿Sabes celebrar las pequeñas cosas que la vida te ofrece?

Escribe 3 momentos de celebración compartida:

1. __ __ __ __ __ __ __ __ __ __ __ __

2. __ __ __ __ __ __ __ __ __ __ __ __

3. __ __ __ __ __ __ __ __ __ __ __ __

MARZO

9 LUNES

As de copas: aprovecho las oportunidades que me ofrece la vida para ser feliz.

10 MARTES

11 MIÉRCOLES

12 JUEVES

13 VIERNES

Mi carta para la semana es el 7 de espadas.
¿Qué me aconseja?

MARZO

COMBINACIÓN: 3 DE COPAS Y 4 DE BASTOS

¡Ésta sí que es una buena combinación! Ambas cartas son cartas de celebración compartida. Y me irá muy bien para explicar la diferencia entre ambas, ya que hay mucha gente que las confunde. La primera, el 3 de copas, es una carta de celebración por las cosas buenas de la vida, cualquier pequeña cosa puede ser motivo de celebración. En cambio, el 4 de bastos es la celebración por haber conseguido algo que es importante para uno.

En ambas cartas observamos que hay varios personajes celebrando, nos puede estar hablando de la invitación a una fiesta, un encuentro, una celebración donde podremos pasarlo bien y celebrar con los demás las cosas buenas de la vida y algunos logros personales o de otras personas.

Otro de los conceptos del 4 de bastos es el de adaptarse a las costumbres del lugar. Al tener al lado el 3 de copas, nos podría estar diciendo que celebremos las cosas teniendo en cuenta dónde estamos e integrándonos en el ambiente. Es una combinación de disfrute y goce con los demás, invitándonos a sociabilizarnos y a agradecer.

14 SÁBADO

15 DOMINGO

MARZO

16 LUNES

Rey de espadas: soy capaz de centrarme en el aquí y ahora.

17 MARTES

18 MIÉRCOLES

19 JUEVES

20 VIERNES

Mi carta para la semana es el Emperador.
¿Qué me aconseja?
....
....
....

MARZO

CONGRESOS DE TAROT

Desde la Red Internacional de Congresos de Tarot formada por 12 países, te animamos a participar en cualquiera de ellos. Porque los congresos son espacios que nos ayudan a crecer como tarotistas. Este mes tenemos el 15 Congreso de Tarot de Barcelona (www.congresotarot.com).

Nos enriquecen a nivel intelectual: aprendemos de diferentes personas, maneras nuevas de leer, enfoques diversos y estamos al día de las nuevas corrientes.

Nos permiten descubrir nuevas técnicas que mejoraran nuestras lecturas y nuestro trabajo.

Nos empoderan como tarotistas: cuando nos reunimos con muchos otros tarotistas, sentimos que formamos parte de un colectivo, nos damos cuenta de que no estamos solos y esto nos hace sentir más fuertes.

Nos hermanan y hacemos amistades y colaboraciones con otras tarotistas que nos enriquecen emocionalmente y nos permiten llegar a más personas.

Como digo siempre, un congreso es difícil explicarlo, es una experiencia que debe vivirse. La energía y la magia de un congreso es una experiencia única. Mira en el Instagram @redinternacionalcongresostarot el congreso que te queda más cerca.

21 SÁBADO

22 DOMINGO

EQUINOCCIO DE PRIMAVERA

EL 20 DE MARZO EMPIEZA LA PRIMAVERA EN EL HEMISFERIO NORTE[1]

En los equinoccios, las horas de luz igualan a las horas de oscuridad. La carta de la Estrella representa al equinoccio de primavera. Es el momento del año en el que la naturaleza empieza a cobrar vida. Todo aquello que durante el invierno ha estado descansando ahora despierta. Te recomiendo que pasees por la naturaleza y seas consciente de la energía mágica de esta época del año. Observa cómo van brotando los árboles, fíjate en sus colores brillantes, en cómo comienzan a aparecer las flores, en cómo los pájaros cantan más fuerte y empiezan a cortejarse, en el aire que huele a vida y en que la energía vibra y es chispeante.

Es un buen momento para pensar en nosotros, en qué es lo que queremos que despierte en nosotros y qué es lo que estaba dormido. Para poder descubrir todo esto, es importante que conectes con tu interior, ya que de esta manera podrás estar atento a las señales que te está mandando el universo. Éstas te conectarán con tu propósito de vida, y desde ese lugar podrás ver cuál es tu misión. Podrás iniciar una nueva etapa de tu vida, un nuevo ciclo para poder crecer y florecer.

---

1. Si eres del hemisferio sur, dirígete al equinoccio de otoño.

Lectura de la primavera

Ahora que empezamos esta estación tan especial, te recomiendo esta lectura, que te ayudará a reflexionar sobre qué es lo que quieres que vaya floreciendo en esta nueva etapa de tres meses. Con esta lectura podrás ver tu energía, lo más importante de esta estación del año, qué es lo que deseas que florezca, los recursos con los que cuentas y como siempre un buen consejo.

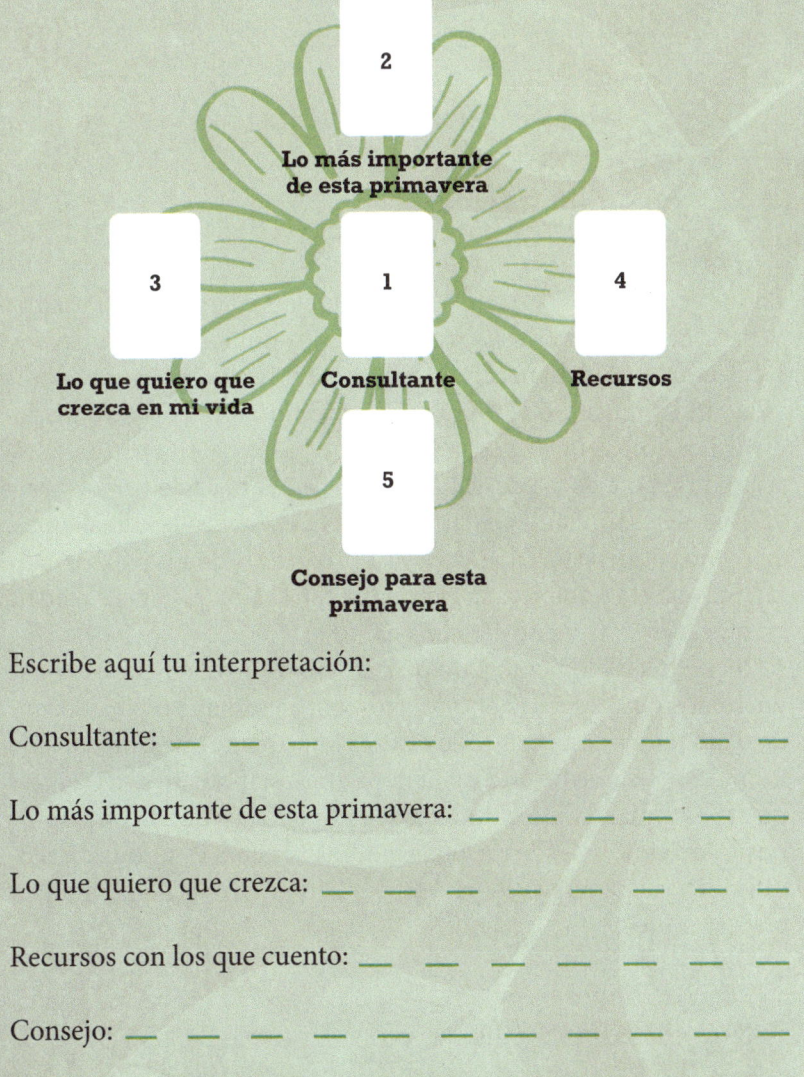

Escribe aquí tu interpretación:

Consultante: _ _ _ _ _ _ _ _ _ _ _

Lo más importante de esta primavera: _ _ _ _ _ _

Lo que quiero que crezca: _ _ _ _ _ _ _

Recursos con los que cuento: _ _ _ _ _ _ _

Consejo: _ _ _ _ _ _ _ _ _ _

MARZO

23 LUNES

La Rueda de la Fortuna: sigo creciendo y avanzando interiormente.

24 MARTES

25 MIÉRCOLES

26 JUEVES

27 VIERNES

Mi carta para la semana es la Justicia.
¿Qué me aconseja?

MARZO

LA ENERGÍA DE ARIES EN EL TAROT

Aries es un signo de fuego: enérgico, apasionado, entusiasta, confiado, vital y optimista. Es un signo cardinal, con él empieza una estación del año, y esto hace que sea líder, con empuje e iniciativa. La energía de Aries como signo de fuego podemos encontrarla en el palo de bastos, que es un palo activo y de fuego.

El Emperador representa esa energía ariana, representa a una persona empoderada y confiada. Un emperador es una persona que gobernaba un territorio, una persona fuerte, que organizaba su zona, miraba que no faltase de nada a los suyos e intentaba seguir conquistando territorios para ampliar su zona de influencia. Ése es nuestro emperador.

El rey de bastos es otro de los personajes conectado a la energía de Aries. Es el máximo representante junto a la reina, del palo de bastos, un palo de fuego. Es un hombre aventurero al que le gusta explorar nuevos mundos y tener nuevos retos. Es un líder nato y sabe entusiasmar a su entorno para que le sigan. Es un abridor de caminos. Le encanta viajar y es un gran emprendedor, siempre tiene algún proyecto en marcha.

¿Cómo conectas tú con la energía de Aries?

---

28 SÁBADO

---

29 DOMINGO

MARZO / ABRIL

30 LUNES

5 DE COPAS: soy capaz de sanar mis emociones y ver lo bueno que me queda.

31 MARTES

1 MIÉRCOLES

2 JUEVES

3 VIERNES

4 SÁBADO

5 DOMINGO

Mi carta para la semana es el Mago.
¿Qué me aconseja?
....
....

ABRIL

Lectura del amor para mí y los demás

Para poder ser bien amado, es importante amarse primero a uno mismo. Con esta lectura podrás ver cómo te quieres y cómo crees que te quieren los otros. Además, te dará una buena información para poder quererte mejor y hacer que los demás te quieran más. Para hacer esta lectura primero debes colocar la carta de los Enamorados en el centro y barajar el resto, concentrarte y colocarlas según el orden de la imagen.

Puedes realizar esta lectura sólo con los 22 arcanos mayores o con los 78.

Haz tu propia lectura. Recorta las cartas que encontrarás al final de esta agenda y colócalas como se indica.

ABRIL

6 LUNES

3 DE ESPADAS: me permito conectar con mi tristeza para poder sanarla.

7 MARTES

8 MIÉRCOLES

9 JUEVES

10 VIERNES

Mi carta para la semana es el 2 de copas.
¿Qué me aconseja?

ABRIL

ARCANO: 4 DE COPAS

El 4 de copas nos muestra un hombre sentado encima de un pequeño montículo, que representa lo que ha conseguido hasta el momento. Apoyado en un árbol, con una actitud cerrada, sus brazos están cruzados, no está haciendo nada. Sus piernas están cruzadas, no se está moviendo. Está observando una oportunidad que se le ofrece. No está abierto a tomar esta copa, ¿por qué? Porque valora mucho las tres copas que tiene delante, que son los logros emocionales y las satisfacciones que ha conseguido hasta el momento. Piensa que si toma esta cuarta copa, igual perderá alguna de las otras, por esto está reflexionando.

Ésta es una carta que nos habla de poner orden en las emociones para poder saber si pueden tomar o no nuevas oportunidades. Recuerda que todos los 4 ponen orden.

En la interpretación, el 4 de copas en el trabajo nos habla de la necesidad de tener una estabilidad personal que nos pide reflexionar antes de tomar nuevas oportunidades. En lo amoroso nos indica la importancia de poner orden a las emociones, necesidad de aprender a estar solos antes de abrirnos a nuevos amores.

¿Tienes tus emociones en orden?

11 SÁBADO

12 DOMINGO

ABRIL

13 LUNES

Reina de bastos: me empodero y defiendo mis proyectos.

14 MARTES

15 MIÉRCOLES

16 JUEVES

17 VIERNES

Mi carta para la semana es el Loco.
¿Qué me aconseja?

ABRIL

COMBINACIÓN: EL MAGO Y 4 DE COPAS

La carta del Mago es una carta de acción, de iniciativa y de capacidades para utilizar todos los recursos que tiene a su alcance para poder materializar o lograr sus propósitos. Posee la inteligencia práctica y las habilidades para crear.

Si observamos el 4 de copas junto al Mago, podemos ver que son dos cartas con una energía muy distinta. Parece que la mano que le está ofreciendo una pequeña oportunidad al personaje que está sentado, proceda del Mago. Podría hablarnos de una oportunidad de temas laborales o de algún proyecto. Pero el 4 de copas está poco receptivo. Puede que tenga ganas, pero siente que igual no es el momento. Eso hace que el Mago se vea limitado, no puede actuar con toda la energía que necesita. El 4 de copas le puede estar invitando a poner orden a su implicación antes de actuar y ponerse en marcha.

Si la combinación estuviese al revés, que el 4 de copas fuese la primera carta, nos estaría invitando a un período de reflexión para poder después abordar el proyecto con ganas utilizando nuestros recursos y habilidades.

18 SÁBADO

19 DOMINGO

ABRIL

20 LUNES

8 DE COPAS: soy capaz de alejarme de los lugares y la gente que no me convienen.

21 MARTES

22 MIÉRCOLES

23 JUEVES

24 VIERNES

Mi carta para la semana es el 4 de copas.
¿Qué me aconseja?
....
....
....

ABRIL

LA ENERGÍA DE TAURO EN EL TAROT

Tauro es un signo de tierra: trabajador, realista, práctico, paciente. Está regido por Venus, esto hace que le guste disfrutar de los placeres de la vida. Es un signo fijo, está en la mitad de una estación del año fijando esta energía. Como fijo, le gusta mantener y conservar y los cambios siempre son un reto para él.

El Sumo Sacerdote es un arcano con una energía muy taurina. Representa a un personaje que busca y necesita la estabilidad y la tranquilidad. Es un personaje que sabe escuchar y tiene la paciencia para dar consejos y enseñar.

El rey de oros representa al signo de Tauro, sólo hace falta que nos fijemos en las cabezas de toro que están representadas en la cabecera del trono y en los reposabrazos. Nos habla de un personaje que sabe sacar el máximo partido de las circunstancias, sabe hacer negocios, es práctico y goza y disfruta de todo lo bueno que la vida le da. Le gusta mostrar todo lo que tiene. Está sentado en su trono encima de su castillo, que representa todo lo que ha conseguido con su esfuerzo.

¿Cómo te conectas con esta energía de Tauro? ¿Gozas de lo bueno de la vida? ¿Sabes sacar partido a las circunstancias? ¿Te valoras?

25 SÁBADO

26 DOMINGO

ABRIL / MAYO

27 LUNES

As de espadas: aprovecho la oportunidad para iniciar y llevar a cabo mis ideas.

28 MARTES

29 MIÉRCOLES

30 JUEVES

1 VIERNES

2 SÁBADO

3 DOMINGO

Mi carta para la semana es el Carro.
¿Qué me aconseja?

MAYO

Lectura de la pareja

Ésta es una de mis lecturas favoritas para mirar las relaciones de pareja. Nos permite ver qué piensan ambas personas de la relación, lo que sienten y su interés sexual. También podemos ver lo que los une y lo que los separa. Es muy buena para hacer un buen chequeo de la relación. Nos permite darnos cuenta de las cosas que debemos mejorar y ver nuestros puntos fuertes.

Puedes realizar esta lectura sólo con los 22 arcanos mayores o con los 78.

Haz tu propia lectura. Recorta las cartas que encontrarás al final de esta agenda y colócalas como se indica.

MAYO

4 LUNES

El Emperador: lucho y me organizo para conquistar mis objetivos.

5 MARTES

6 MIÉRCOLES

7 JUEVES

8 VIERNES

Mi carta para la semana es el 3 de bastos.
¿Qué me aconseja?

MAYO

ARCANO: 5 DE COPAS

El 5 de copas es un arcano de tristeza. Podemos ver un personaje cabizbajo observando las copas que ha perdido. Con ellas ha perdido la energía y la confianza (líquido derramado de color rojo) y ha perdido la fe y la esperanza (líquido verde). En esta tristeza no es capaz de ver las dos copas que todavía le quedan. Delante tiene un río que representa la capacidad de dejar pasar la tristeza. El puente es un claro camino para poder superar esta pena y poder ir a la otra orilla a construir algo nuevo (castillo).

Este arcano nos habla de momentos de tristeza, de duelo, de negativismo y de bajón anímico. En estos casos, nosotros como tarotistas debemos mostrarle las copas llenas.

En la interpretación nos va a hablar de momentos difíciles. En lo laboral nos estamos enfocando en lo que nos falta, lo que hemos perdido, pero no somos capaces de ver lo que todavía nos queda, la seguridad de seguir teniendo trabajo y poder seguir avanzando. En el amor, estamos viendo sólo los defectos de nuestra pareja o de las personas que se nos acercan.

¿Eres capaz de ver el vaso medio lleno?

9 SÁBADO

10 DOMINGO

MAYO

11 LUNES

8 DE COPAS: tengo la fuerza para marcharme de los lugares en los que no me siento bien.

12 MARTES

13 MIÉRCOLES

14 JUEVES

15 VIERNES

Mi carta para la semana es el Sumo Sacerdote.
¿Qué me aconseja?

MAYO

COMBINACIÓN: 5 DE COPAS Y LOS ENAMORADOS

En esta combinación nos encontramos con dos cartas emocionales. Empezando por el 5 de copas observamos que el personaje está enfocado en lo que ha perdido, está triste, cabizbajo y pesimista. La carta de los Enamorados está a su espalda, el personaje es incapaz de poder ver lo bello de la vida, no puede conectar con la armonía. Fíjate que las dos copas que están llenas y que no puede ver, están al lado de los Enamorados, éste es su recurso, hacia donde debería dirigirse. Debería enfocarse en el amor hacia él y el amor que los demás le tienen.

Esta combinación también podría indicarnos que nuestro consultante en temas amorosos solamente se fija en los defectos y carencias de las personas que se le acercan o que tiene al lado, siendo incapaz de ver las cualidades y virtudes. Si no tiene pareja, no encontrará a nadie que esté a su altura y si la tiene sólo verá lo que no le aporta, haciendo que la relación se vaya deteriorando.

Si la combinación estuviese al revés, que los Enamorados saliesen primero, nos hablaría de una persona que no está abierta al amor, que siente que los temas amorosos no le aportan nada, sólo tristeza y penas. Estaría en un momento de necesidad de soledad.

16 SÁBADO

17 DOMINGO

MAYO

18 LUNES

8 DE OROS: trabajo con detalle y dedicación para ser la mejor.

19 MARTES

20 MIÉRCOLES

21 JUEVES

22 VIERNES

Mi carta para la semana es el 6 de oros.
¿Qué me aconseja?
....
....
....

MAYO

LA ENERGÍA DE GÉMINIS EN EL TAROT

Géminis es un signo de aire mental, analítico y curioso. Es un signo mutable, está al final de la estación del año, por lo que le hace flexible y adaptable. Su regente es Mercurio, que le aporta curiosidad y facilidad para comunicarse. Es un signo versátil, inquieto y buen comerciante y negociador.

El Mago es un arcano que le representa muy bien por sus habilidades comunicativas, es un gran vendedor, sabe negociar y tiene una gran capacidad para utilizar todos los recursos que están a su alcance. Otro arcano mayor que tiene una parte geminiana es la carta de los Enamorados, por esa dualidad que representa.

La sota de espadas es la figura de la corte que representa a Géminis, es el joven de aire. Con una gran curiosidad intelectual, facilidad de palabra y una mente ágil que sabe anticiparse y darse cuenta de todo lo que pasa a su alrededor. Es el chico inteligente y la comunicación rápida y eficaz.

¿Cómo te conectas con la energía de Géminis? ¿Cómo son tus habilidades comunicativas? ¿Eres un buen negociante?

23 SÁBADO

24 DOMINGO

MAYO

25 LUNES

3 DE COPAS: disfruto, celebro y comparto las pequeñas cosas de la vida.

26 MARTES

27 MIÉRCOLES

28 JUEVES

29 VIERNES

Mi carta para la semana es la Muerte.
¿Qué me aconseja?

MAYO

HERRAMIENTAS PARA TAROTISTAS:
¿CUÁNDO INTERPRETAR UNA CARTA EN POSITIVO O EN NEGATIVO?

Para empezar, es importante recordar que todos los arcanos tienen una parte luminosa y otra oscura, su parte positiva y su parte negativa. Pero también es importante reconocer que hay algunas cartas que nos es más fácil interpretarlas en positivo como el Sol, el Mundo, la Estrella, etc. Y otras cartas es más fácil interpretarlas en su parte negativa como la Torre, el Diablo, etc.

- Según la posición de la lectura. Cuando salen en posiciones como: «a favor», «facilidades», «recursos», en estos casos las leeremos en positivo. Cuando salen en posiciones como: «en contra», «obstáculos», «retos o dificultades», las leeremos en negativo.
Según estén rodeadas. Si un arcano está rodeado de cartas positivas, van a sacar lo mejor de ella, la leeremos en positivo. Si un arcano está rodeado de cartas negativas, la leeremos en negativo.
- Según cómo salen en una lectura: Si lees del derecho y del revés. Las cartas del derecho se leen en positivo y las cartas del revés o invertidas se leen en negativo.

El método y aprender en una escuela nos facilita los caminos del aprendizaje.

---

30 SÁBADO

---

31 DOMINGO

JUNIO

1 LUNES

5 DE BASTOS: defiendo mis creencias y posturas frente a los que quieren imponerme las suyas.

2 MARTES

3 MIÉRCOLES

4 JUEVES

5 VIERNES

6 SÁBADO

7 DOMINGO

Mi carta para la semana es la sota de copas.
¿Qué me aconseja?

JUNIO

Lectura del as de copas

El as de copas es un arcano que nos ofrece la oportunidad de amar y de ser felices. Con esta lectura podrás ver qué es lo que te hace feliz en estos momentos, te conectará con tu parte emocional y relacional. Es una buena lectura para conocerte mejor y también para poder ayudar a aquellas personas que a veces se sienten desconectadas de sus emociones.

Puedes realizar esta lectura sólo con los 22 arcanos mayores o con los 78.

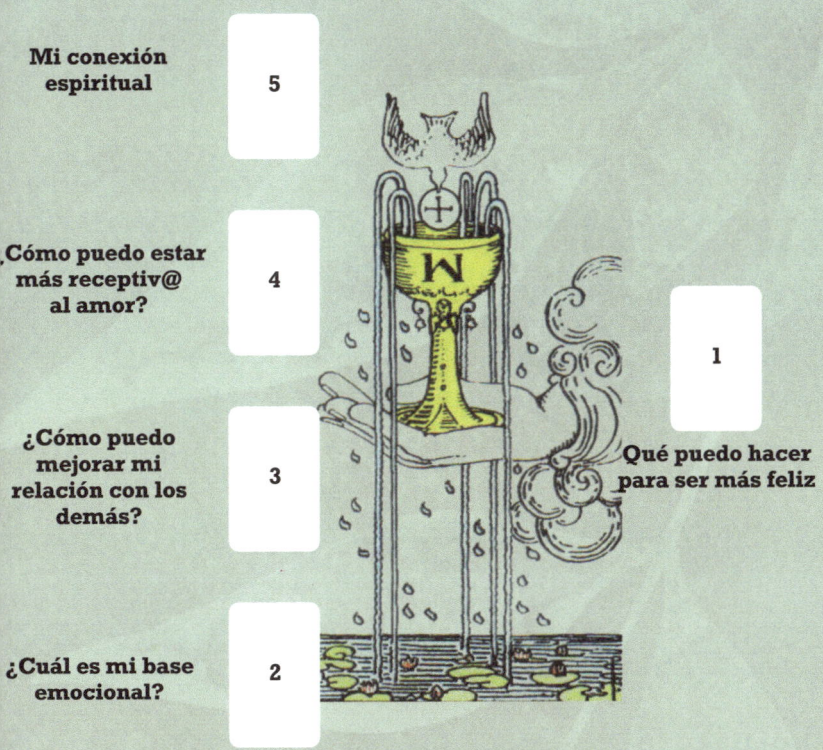

- 5 — Mi conexión espiritual
- 4 — ¿Cómo puedo estar más receptiv@ al amor?
- 3 — ¿Cómo puedo mejorar mi relación con los demás?
- 2 — ¿Cuál es mi base emocional?
- 1 — Qué puedo hacer para ser más feliz

Haz tu propia lectura. Recorta las cartas que encontrarás al final de esta agenda y colócalas como se indica.

JUNIO

8 LUNES

El Juicio: soy capaz de reinventarme y resurgir.

9 MARTES

10 MIÉRCOLES

11 JUEVES

12 VIERNES

Mi carta para la semana es el 9 de oros.
¿Qué me aconseja?

JUNIO

ARCANO: 6 DE COPAS

El 6 de copas es una carta muy tierna. En ella vemos dos personajes, dos niños que se están mirando. El mayor está entregando una copa con flores a la niña más pequeña, que las recibe con alegría. Todo esto sucede en un entorno familiar y cercano, parece un pueblo. Si observamos al fondo, podemos ver un soldado que está vigilando y dando una sensación de seguridad. En la parte inferior de la carta podemos ver 4 copas llenas de flores blancas, indicando la seguridad y estabilidad emocional que permite conectar con esas ilusiones más puras. La otra copa está encima de un pedestal con un escudo, reforzando la importancia y el amor del linaje.

Éste es un arcano que nos conecta con nuestras ilusiones más puras, nos conecta con nuestro niño interior. Nos recuerda la importancia de cuidar de los más «pequeños» y hacerlo con cariño y delicadeza. También hace referencia a pueblos, entornos familiares, niños y abuelos.

En la interpretación laboral, esta carta nos hablará de entornos donde hay un buen ambiente. En el tema amoroso, de la importancia de los detalles y de expresar desde el corazón.

¿Cuidas amorosamente a la gente que te rodea? ¿Eres detallista y cariñosa?

---

13 SÁBADO

---

14 DOMINGO

SOLSTICIO DE VERANO

EL 21 DE JUNIO EMPIEZA EL SOLSTICIO DE VERANO EN EL HEMISFERIO NORTE[1]

La carta del Sol representa el verano. El solsticio de verano es el momento en el que el día tiene más horas de luz, y a partir de este instante, las horas de Sol empezarán a menguar hasta llegar al solsticio de invierno.

Es un buen momento para dar las gracias por todo lo que somos y todo lo que hemos conseguido. La carta del Sol representa la estación que empieza en estos momentos. El Sol es una carta de confianza en nosotros mismos.

Observa a tu alrededor, y, en concreto, a la naturaleza, y cómo esta estación ha cambiado los colores de tu entorno, cómo el calor ha modificado tu manera de vestir y de moverte en la vida, el olor, etc. Es tiempo de salir y hacer vida social: comemos en el jardín, pasamos más tiempo fuera. Es un buen momento para reflexionar sobre nuestra vida social y profesional. A nivel profesional, podemos preguntarnos: «¿Dónde estoy?», «¿Cuáles son mis objetivos?», «¿Qué debo agradecer?», «¿Qué retos se me presentan?». Y a nivel social: «¿Valoro a mis amistades?», «¿Tengo la vida social que deseo?», etc.

¡Feliz verano!

---

1. Si eres del hemisferio sur, dirígete al solsticio de invierno.

Lectura del solsticio de verano

Los solsticios son momentos muy mágicos en el que el velo entre los dos mundos es muy fino. Para prepararte para estos próximos tres meses te recomiendo esta lectura.

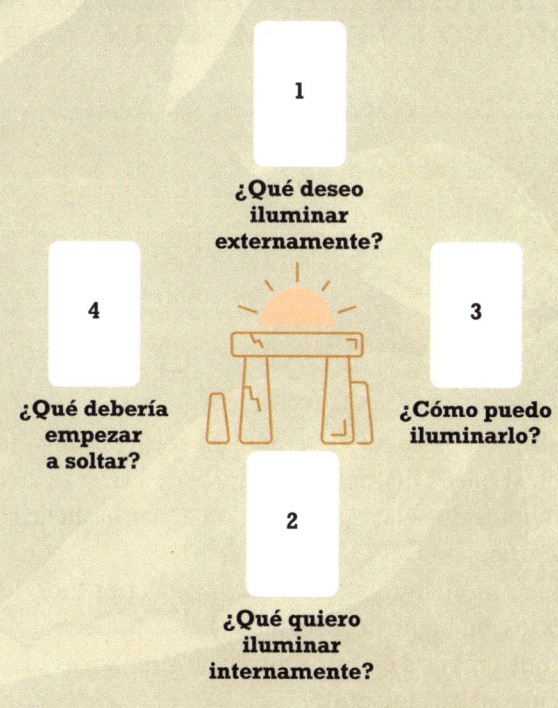

Escribe tu lectura:

¿Qué deseo iluminar externamente?
— — — — — — — — — —
— — — — — — — — — —

¿Qué quiero iluminar internamente?
— — — — — — — — — —
— — — — — — — — — —

¿Cómo puedo iluminarlo?
— — — — — — — — — —
— — — — — — — — — —

¿Qué debería empezar a soltar?
— — — — — — — — — —
— — — — — — — — — —

JUNIO

15 LUNES

Sota de bastos: comunico con pasión mis proyectos.

16 MARTES

17 MIÉRCOLES

18 JUEVES

19 VIERNES

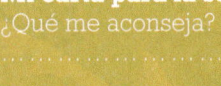
Mi carta para la semana es el Colgado.
¿Qué me aconseja?

JUNIO

COMBINACIÓN: 3 DE OROS Y 6 DE COPAS

Éstas son dos cartas en las que hay varios personajes, nos indica la influencia de la relación con otras personas. El tres de oros es un arcano que nos habla de colaboración para poder construir algo importante que requiere de tiempo y esfuerzo. Al lado del 6 de copas nos recuerda la importancia de cuidar de los detalles y poner el corazón en ese proyecto tan importante.

Recordemos que el 3 de oros también nos habla de lugares públicos, con el 6 de copas nos puede hablar de una escuela, de un hospital de niños, de una casa de vacaciones infantiles, etc. El 6 de copas nos habla de poblaciones pequeñas o pueblo. Nos podría estar hablando de una construcción o lugar oficial en un pueblo.

Si en la combinación ponemos primero el 6 de copas y después el 3 de oros, nos podría estar hablando de alguna pequeña ilusión compartida podría salir algún gran proyecto para construir algo realmente importante en el que se involucrarían más personas. También podría decirnos que empezamos algo con ilusión y que iremos creciendo en experiencia y profesionalidad.

---

20 SÁBADO

---

21 DOMINGO

JUNIO

22 LUNES

Justicia: busco mi equilibrio para estar en paz conmigo y con el mundo.

23 MARTES

24 MIÉRCOLES

25 JUEVES

26 VIERNES

Mi carta para la semana es el 2 de espadas.
¿Qué me aconseja?

JUNIO

LA ENERGÍA DE CÁNCER EN EL TAROT

Cáncer es un signo de agua: emocional, sensible e intuitivo. Empieza una estación del año que le da iniciativa y empuje. Su regente es la Luna, resaltando su parte emocional y su parte hogareña. Es un signo amoroso, romántico, cariñoso, que pone la iniciativa para poder amar y ser amado.

Hay varios arcanos mayores que resuenan en su energía. La Sacerdotisa por esa parte intuitiva, sensible, la Luna por ser su regente y la carta del Carro, que si nos fijamos bien en su simbología, podemos ver que su coraza es como la de un cangrejo, es el caparazón que le sirve para resguardarse emocionalmente cuando lo necesita.

La reina de copas es el personaje de la corte que le corresponde energía femenina por ser mujer y representante de un palo también femenino. Representa a una mujer sensible, intuitiva, espiritual, muy hogareña, romántica e imaginativa.

¿Cómo te resuena la energía de este signo? ¿Eres una persona intuitiva? ¿Tiendes a poner el corazón en tus acciones? ¿Es la familia importante para ti?

27 SÁBADO

28 DOMINGO

JUNIO / JULIO

29 LUNES

La Muerte: soy capaz de cortar con todo aquello que me aleja de mi propósito.

30 MARTES

1 MIÉRCOLES

2 JUEVES

3 VIERNES

4 SÁBADO

5 DOMINGO

Mi carta para la semana es el 5 de bastos.
¿Qué me aconseja?

JULIO

Lectura del corazón

Ésta es una lectura para personas que no tienen pareja y desean encontrarla. Las primeras 5 cartas nos dan información que sirve de consejo de nuestro consultante. Las tres últimas cartas nos marcan la evolución sentimental y es aquí donde veremos si encuentra una pareja. Es una de mis lecturas favoritas.

Puedes realizar esta lectura sólo con los 22 arcanos mayores o con los 78.

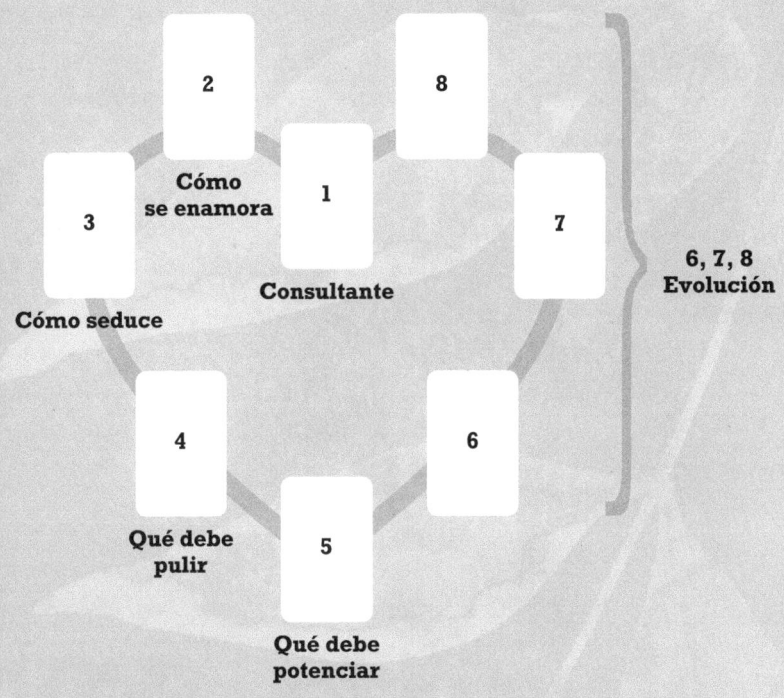

Haz tu propia lectura. Recorta las cartas que encontrarás al final de esta agenda y colócalas como se indica.

JULIO

6 LUNES

Reina de oros: me valoro como persona y me hago valer.

7 MARTES

8 MIÉRCOLES

9 JUEVES

10 VIERNES

Mi carta para la semana es el 7 de copas.
¿Qué me aconseja?

JULIO

ARCANO: 7 DE COPAS

El 7 de copas es un arcano que nos muestra a un personaje que está ensimismado mirando y fantaseando. Cada una de las copas nos muestra todo aquello con lo que el ser humano puede soñar. La copa con un castillo muestra los sueños con propiedades e inmuebles, la cabeza con tener personas, la serpiente con la sabiduría, el dragón con suerte, las joyas con fortuna y riquezas, los laureles con éxitos y reconocimientos y el personaje tapado representaría un «sagrado corazón» que tapan para que pueda también representar a otras religiones, pidiendo protección espiritual.

Este arcano nos conecta con nuestros sueños, nuestros ideales. Es una carta muy favorable a la imaginación y creatividad, pero mal acompañada nos lleva a fantasear y falta de realidad. Favorece mucho la visualización creativa.

En la interpretación, en el trabajo nos conecta con la creatividad y capacidad de imaginar, muy bueno en los momentos de iniciar proyectos, pero cuidado con generar demasiadas expectativas. En el amor tiende a buscar a la persona perfecta, que muchas veces es un imposible.

¿Eres una persona imaginativa y creativa o una persona fantasiosa?

11 SÁBADO

12 DOMINGO

JULIO

13 LUNES

Rey de copas: escucho mi corazón y conecto con mi intuición e imaginación.

14 MARTES

15 MIÉRCOLES

16 JUEVES

17 VIERNES

Mi carta para la semana es el 5 de oros.
¿Qué me aconseja?

JULIO

COMBINACIÓN: 7 DE COPAS Y EL LOCO

Esta combinación es bien interesante. La primera carta que nos aparece es el 7 de copas, que nos habla de nuestros sueños, de nuestra gran imaginación y creatividad. Esta carta nos invita a soñar alto. El Loco al lado está mirando a estos sueños, nos está animando a darles rienda suelta, a ser valientes para ir en pro de nuestras ilusiones.

Si sumamos la imaginación y los sueños del 7 de copas y le añadimos la capacidad de anticipación y la originalidad del Loco, tenemos una combinación muy potente que nos convierte en visionarios. Nos aporta una gran capacidad creativa, casi sin límites.

Pero si la combinación sale al revés, la primera es la carta del Loco, la sensación que recibimos es que el Loco no mira al 7 de copas, esto dificulta la capacidad de integración de ambos arcanos. Entonces esto puede darnos una imaginación desordenada, falta de realidad, desorientación, falta de realismo y dispersión. Éste es un ejemplo que nos ayuda mucho a ver la importancia de las miradas, de las sensaciones. Recordemos que el tarot es un lenguaje visual y que además de los significados de cada arcano es muy importante la sensación que nos dan las imágenes.

---

18 SÁBADO

---

19 DOMINGO

JULIO

20 LUNES

La Templanza: conecto con mi alma y la escucho.

21 MARTES

22 MIÉRCOLES

23 JUEVES

24 VIERNES

Mi carta para la semana es la Luna.
¿Qué me aconseja?

JULIO

LA ENERGÍA DE LEO EN EL TAROT

Leo es un signo de fuego entusiasta, apasionado, con gran confianza en sí mismo, vital y enérgico. Es un signo fijo, está en la mitad de una estación del año, mostrando su capacidad y necesidad de fijar y mantener. Su regente es el Sol, que le aporta brillo y creatividad.

En la carta de la Fuerza observamos un león, que representaría esta energía, pasión, vitalidad y fuerza que tiene este signo. La carta del Sol que representaría a su regente le aporta ese brillo y ese carisma que le hace único.

La reina de bastos, representa la energía de Leo, observa las dos cabezas de leones que están en el reposabrazos de su trono. Ella es una mujer valiente, creativa, rebosante de energía, con una buena confianza en ella misma, ambiciosa y con un saber estar especial que la hace deslumbrar. Emprendedora y aventurera, espontánea, franca y directa.

¿Cómo llevas la energía de Leo? ¿Crees en ti? ¿Cómo va tu creatividad? ¿Eres optimista y vital? ¿Te gusta emprender? ¿Te gusta brillar?

25 SÁBADO

26 DOMINGO

JULIO / AGOSTO

27 LUNES

10 DE OROS: valoro mi familia y su legado.

28 MARTES

29 MIÉRCOLES

30 JUEVES

31 VIERNES

1 SÁBADO

2 DOMINGO

Mi carta para la semana es el 6 de bastos.
¿Qué me aconseja?

AGOSTO

Lectura «Qué piensa de mí, cómo me ve»

Todas las personas que nos dedicamos al tarot, sabemos que ésta es una de las preguntas «clásicas». Cuando nos gusta alguien, o cuando nos hemos enfadado, todos en algún momento nos hemos hecho esta pregunta: ¿qué piensa de mí?; ¿cómo me ve? Esta lectura va ayudarte a responder este tipo de preguntas.

Puedes realizar esta lectura sólo con los 22 arcanos mayores o con los 78.

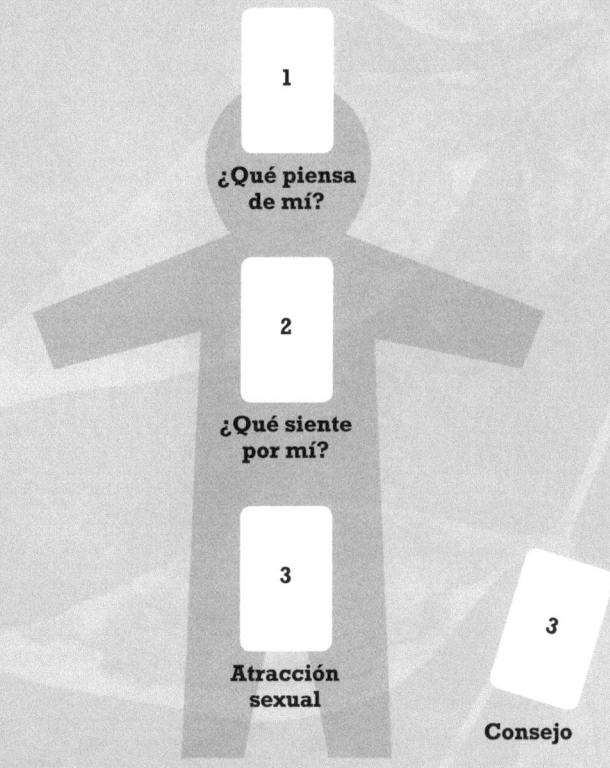

Haz tu propia lectura. Recorta las cartas que encontrarás al final de esta agenda y colócalas como se indica.

AGOSTO

3 LUNES

10 de copas: agradezco a mi familia y a la vida todo lo que me han dado.

4 MARTES

5 MIÉRCOLES

6 JUEVES

7 VIERNES

Mi carta para la semana es la Emperatriz.
¿Qué me aconseja?

AGOSTO

ARCANO: 8 DE COPAS

En este arcano observamos un personaje apasionado y enérgico que va en busca de un futuro mejor. Deja atrás 8 copas, un pasado que durante un tiempo le llenó, pero que en estos momentos no le satisface, esto le lleva a emprender un nuevo camino. La montaña que tiene delante representa su nueva meta, que es alta, y al ser negra nos indica que todavía no tiene claro si la conseguirá, pero siente que tiene que probarlo. Es de noche y la Luna ilumina su camino. Una Luna decreciente que nos marca las emociones que debe dejar atrás para poder llegar a una Luna llena para poder sentirse más feliz emocionalmente.

Este arcano representa esos momentos de la vida en los que no estamos mal, pero que sentimos que debemos buscar nuevos caminos que nos llenen.

En la interpretación, en el trabajo nos indica dejar un empleo para ir a otra empresa o para emprender algo que nos guste más. En el amor nos habla de buscar en lugares diferentes o de la necesidad de buscar nuevos retos o nuevos caminos. En la familia ir en busca de un lugar donde podamos ser más nosotros mismos.

¿Eres capaz de dejar un lugar para ir en busca de algo que te haga más feliz?

8 SÁBADO

9 DOMINGO

AGOSTO

10 LUNES

El Sol: brillo y confío en mí.

11 MARTES

12 MIÉRCOLES

13 JUEVES

14 VIERNES

Mi carta para la semana es la reina de copas.
¿Qué me aconseja?

AGOSTO

COMBINACIÓN: 8 DE COPAS Y 6 DE ESPADAS

Lo primero que observamos en esta combinación son dos cartas de movimiento y los dos van en la misma dirección. El 8 de copas necesita ir en busca de un nuevo camino, donde estaba hasta el momento ya no le sirve. El 6 de espadas nos reafirma la carta anterior, nos invita a seguir avanzando para poder transitar esas emociones que le inquietan. En el primer arcano observamos un personaje y en la segunda este personaje va acompañado, invitándole a realizar este camino en compañía de los suyos.

En ambas cartas los personajes se dirigen al futuro, remarcando la importancia de dejar el pasado para ir hacia nuevos horizontes, todavía desconocidos. Este concepto queda reforzado por que todos los personajes nos están dando la espalda, hay momentos en la vida que debemos dejar atrás todo para poder volver a empezar.

Si la combinación estuviese colocada al revés, el 6 de espadas y el 8 de copas, nos podría estar hablando de alguien que sale de un lugar desde la necesidad, el 6 de espadas nos habla de gente que marcha de un lugar o incluso de un país, pero al tener el 8 de copas nos indica que ese lugar donde está llegando no va a ser el definitivo.

---

15 SÁBADO

---

16 DOMINGO

AGOSTO

17 LUNES

El Mundo: me abro al mundo con confianza y generosidad.

18 MARTES

19 MIÉRCOLES

20 JUEVES

21 VIERNES

Mi carta para la semana es la sota de oros.
¿Qué me aconseja?

AGOSTO

LA ENERGÍA DE VIRGO EN EL TAROT

Virgo es un signo de tierra: práctico, realista y trabajador, valora las cosas y le gusta sacar el máximo partido de las circunstancias. Detallista, perfeccionista, amante del orden y de la pulcritud. Es un signo mutable, está al final de una estación del año y eso le aporta adaptabilidad.

La doncella que sale en la carta de la Fuerza posee la energía de Virgo, tiene paciencia, mano izquierda y una inteligencia práctica y enfocada en lo práctico que le permite encontrar la manera de poder gestionar sus instintos y cualquier dificultad que se le presente.

Las sotas se conectan con la energía de los signos mutables y, como hemos dicho, el signo mutable del elemento tierra es Virgo. Representa al joven prudente, enfocado en lo práctico, al que le gusta tener seguridad, que mira hacia su futuro en la vida. Es trabajador y ahorrador, realista que sabe lo que hacer y cómo actuar en cada momento. Se expresa de manera clara y concreta.

¿Cómo conectas con la energía de Virgo? ¿Te gusta hacer bien las cosas? ¿Te consideras una persona detallista? ¿Te expresas de manera ordenada y concreta?

22 SÁBADO

23 DOMINGO

AGOSTO

24 LUNES

Rey de bastos: lucho y defiendo mis objetivos.

25 MARTES

26 MIÉRCOLES

27 JUEVES

28 VIERNES

Mi carta para la semana es el as de oros.
¿Qué me aconseja?

AGOSTO

HERRAMIENTAS PARA TAROTISTAS:
LA IMPORTANCIA DEL RELATO EN LA INTERPRETACIÓN

Cuando conseguimos interpretar una lectura como si fuese un relato, es cuando somos capaces de unir cada una de las posiciones, explicando una historia que le facilitará la comprensión y la integración de la información que le estamos dando a nuestro consultante.

¿Por qué es importante hacer un buen relato en una lectura de tarot?

- Expresar la lectura como un relato la hace más fluida y amable.
- Facilita la comprensión de nuestro consultante.
- Hace más entendible lo que estamos explicando.
- Nos acerca más a nuestros consultantes y eso hace que se abran más y fluyamos mejor.
- Nos escuchan mejor y estarán más receptivos a nuestros consejos.
- Nos ayuda a ordenar y estructurar bien las explicaciones.
- Nos permite explicar temas y situaciones complejas de una manera más fácil y entendible para el consultante.
- La fluidez muestra nuestro dominio del tarot y de la narración y nuestro consultante se siente más seguro y aumenta su confianza en nosotras.

Puedes practicar un relato poniendo 5 o 7 arcanos y construir una historia.

---

29 SÁBADO

---

30 DOMINGO

AGOSTO / SEPTIEMBRE

31 LUNES

6 DE ESPADAS: tomo distancia de los conflictos para poder buscar la paz.

1 MARTES

2 MIÉRCOLES

3 JUEVES

4 VIERNES

5 SÁBADO

6 DOMINGO

Mi carta para la semana es la Fuerza.
¿Qué me aconseja?

SEPTIEMBRE

Lectura «Me gusta una persona desconocida»

Ésta es una lectura para utilizar cuando alguien nos pregunta por alguien que todavía no conoce, pero se siente atraído por él/ella. Alguien del trabajo, alguien de Tinder con quien todavía no ha quedado, un vecino, etc. Esta lectura nos permite ver a grandes rasgos cómo es la persona por la que preguntamos, si está en una relación o no, cómo es su carácter. Podremos ver la motivación de nuestra consultante y si la relación tiene futuro o no.

Puedes realizar esta lectura sólo con los 22 arcanos mayores o con los 78.

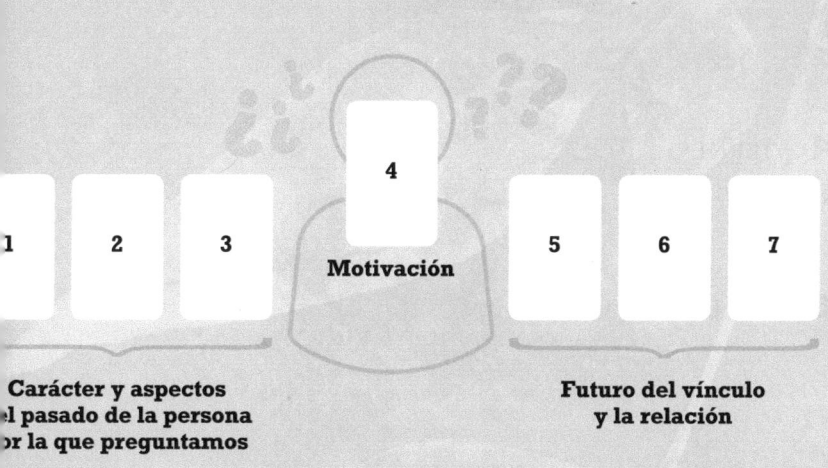

Haz tu propia lectura. Recorta las cartas que encontrarás al final de esta agenda y colócalas como se indica.

SEPTIEMBRE

7 LUNES

7 DE BASTOS: lucho para superar las dificultades que se me puedan presentar.

8 MARTES

9 MIÉRCOLES

10 JUEVES

11 VIERNES

Mi carta para la semana es el Diablo.
¿Qué me aconseja?

SEPTIEMBRE

ARCANO: 9 DE COPAS

En el 9 de copas observamos un personaje sentado de brazos cruzados, y detrás de él podemos observar las nueve copas en un lugar resaltado, representan cada uno de los logros emocionales de los que nuestro personaje se siente orgulloso. La tela azul sobre la que están las copas refuerza esta parte emocional. Son logros del pasado, pues están detrás de él. El lenguaje corporal de nuestro consultante es cerrado, tiene los brazos cruzados sin hacer nada, no está actuando, sólo está recordando. Su sombrero grande y rojo nos habla de la pasión y la energía que pone a esos recuerdos.

Esta carta representa aquellas experiencias emocionales de las que nos sentimos satisfechos y orgullosos. Recordemos que es una carta 9, el último número que recoge un poco la energía de todo el palo. La parte negativa de esta carta es la falta de actividad, la pasividad ante ciertas circunstancias.

En la interpretación, en lo laboral indica un buen ambiente, ahora disfruta de un buen momento gracias a la implicación del pasado. No tiene ganas de prosperar, en estos momentos ya está bien. En el amor, satisfacción con la relación que tiene. Si no tiene pareja, momento de tranquilidad.

¿Cuáles son tus logros emocionales que acumulas?

12 SÁBADO

13 DOMINGO

SEPTIEMBRE

14 LUNES

La Luna: trabajo, potencio y confío en mi intuición.

15 MARTES

16 MIÉRCOLES

17 JUEVES

18 VIERNES

Mi carta para la semana es el rey de oros.
¿Qué me aconseja?

SEPTIEMBRE

COMBINACIÓN: 6 DE OROS Y 9 DE COPAS

En esta combinación de arcanos, nuestro 9 de copas viene precedido por el 6 de oros. Recordemos que el 6 de oros nos habla de la capacidad que tenemos de valorar de manera concreta nuestros recursos para poder ser generosos con nosotros y con los demás. El 9 de copas nos habla de la satisfacción emocional que proviene de las experiencias pasadas. Estos dos arcanos juntos nos están pidiendo que valoremos de manera realista y concreta nuestras experiencias emocionales. A la hora de valorarla, debemos ser justos y generosos con nosotros, porque somos modelo y ejemplo para otros.

Estos dos arcanos juntos también pueden estarnos diciendo que cuando ayudamos y hacemos el bien para los demás esto nos lleva a sentirnos satisfechos emocionalmente. Cada una de estas copas que el 9 tiene detrás puede hablarnos de los momentos en los que se ha sentido feliz después de apoyar a los otros.

Esta combinación nos puede hacer reflexionar sobre nosotros mismos en relación con nuestro entorno para poder ver cómo me valoro a mí y a los demás. Y a nivel personal cómo me siento emocionalmente.

19 SÁBADO

20 DOMINGO

EQUINOCCIO DE OTOÑO

EL 22 DE SEPTIEMBRE EMPIEZA EL EQUINOCCIO DE OTOÑO EN EL HEMISFERIO NORTE[1]

En el equinoccio de otoño, las horas de luz y de oscuridad son las mismas, 12 horas de día y 12 horas de noche. Después de este momento, las horas de luz irán menguando hasta llegar al solsticio de invierno. El Ermitaño es el que representa esta estación que hoy iniciamos, es un buen momento para empezar a observar e iluminar nuestro interior, para ver qué queremos iluminar y qué queremos soltar.

A partir de este instante, la naturaleza va cambiando: las hojas de los árboles se irán secando hasta caer, sus colores brillantes y luminosos irán tomando unas tonalidades marrones y ocres, es momento de ir cambiando nuestra energía. Te recomiendo un paseo por la naturaleza para disfrutar de esta nueva estación.

Es un buen momento para pensar en aquello que queremos ir soltando de nuestra vida, aquellas cosas que quizás durante un tiempo nos sirvieron, pero ahora ya no, aquello que te inquieta, lo que no te permite crecer, los pensamientos negativos, las creencias limitantes.

¡Feliz otoño!

---

1. Si eres del hemisferio sur, dirígete al equinoccio de primavera.

Lectura del otoño

Para poder prepararte para esta nueva estación, te recomiendo esta lectura. Igual que en los árboles pierden sus hojas, con esta lectura podrás prepararte para ver qué es lo que quieres soltar.

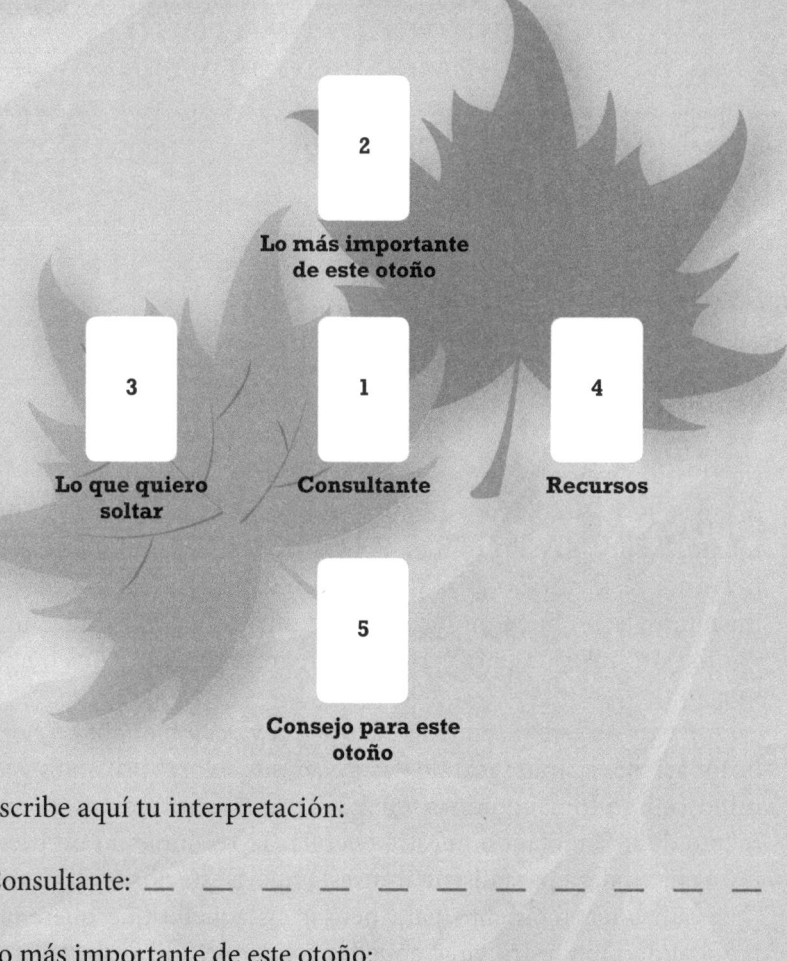

Escribe aquí tu interpretación:

Consultante: _ _ _ _ _ _ _ _ _ _

Lo más importante de este otoño: _ _ _ _ _ _ _

Lo que quiero soltar: _ _ _ _ _ _ _ _ _

Recursos con los que cuento: _ _ _ _ _ _ _

Consejo: _ _ _ _ _ _ _ _ _ _ _

SEPTIEMBRE

21 LUNES

4 DE OROS: mantengo y pongo en orden mis recursos.

22 MARTES

23 MIÉRCOLES

24 JUEVES

25 VIERNES

Mi carta para la semana es el 8 de oros.
¿Qué me aconseja?

SEPTIEMBRE

LA ENERGÍA DE LIBRA EN EL TAROT

Libra es un signo de aire: mental, analítico, buen comunicador. Es un signo cardinal, con él empezamos una estación del año, por lo que tiene iniciativa. Iniciativa en el ámbito mental y estratégico. Busca el equilibrio y la armonía, es un buen consejero que suele tender puentes ayudando a los demás.

El as de espadas es el primer arcano del elemento aire, por lo que conecta muy bien con la capacidad de iniciar en el ámbito de lo mental, del mundo de las ideas, por eso la energía de Libra le va muy bien. La Justicia es el arcano mayor que más resuena con esta energía librana, piensa, analiza pros y contras. Busca el equilibrio y compromisos que le equilibren y le armonicen.

El rey de espadas, por ser una figura masculina de un elemento activo, se entiende muy bien con esta energía. Mirando al presente igual que la Justicia, el aquí y ahora, analizando, pensando, midiendo sus actos, con su coherencia, rectitud, imparcialidad y ejemplaridad que le destacan.

¿Cómo conectas tú con la energía de Libra? ¿Eres coherente? ¿Eres imparcial o te implicas en todo lo que haces? ¿Sabes escuchar y dar buenos consejos?

26 SÁBADO

27 DOMINGO

SEPTIEMBRE / OCTUBRE

28 LUNES

As de oros: aprovecho las oportunidades que me ofrece el destino para enriquecerme.

29 MARTES

30 MIÉRCOLES

1 JUEVES

2 VIERNES

3 SÁBADO

4 DOMINGO

Mi carta para la semana es el 2 de bastos.
¿Qué me aconseja?

OCTUBRE

Lectura «¿Me conviene una relación?»

Seguimos con las lecturas que llamamos «clásicas». Las llamamos así, porque son preguntas recurrentes en las sesiones de tarot. Aquí te propongo una lectura para poder responder sobre una relación a un/a consultante que no está seguro/a. Esta lectura está especialmente indicada para una relación que hace poco que se ha iniciado y en la que todavía no se conocen mucho.

Puedes realizar esta lectura sólo con los 22 arcanos mayores o con los 78.

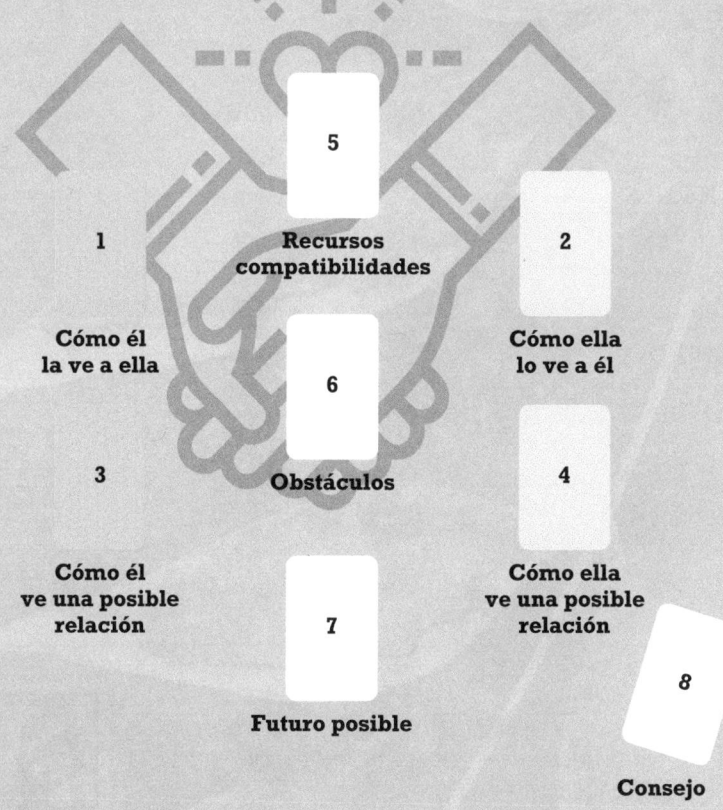

Haz tu propia lectura. Recorta las cartas que encontrarás al final de esta agenda y colócalas como se indica.

OCTUBRE

5 LUNES

3 DE BASTOS: miro las nuevas oportunidades que me ofrece la vida.

6 MARTES

7 MIÉRCOLES

8 JUEVES

9 VIERNES

Mi carta para la semana es el 4 de espadas.
¿Qué me aconseja?

OCTUBRE

ARCANO: 10 DE COPAS

En el 10 de copas observamos una pareja unida observando todo lo que han conseguido y celebrando todo lo bueno que les ha dado la vida, sus hijos, el hogar, el entorno, etc. La casita que está al fondo y que representa su hogar, bien podría ser la casita que vimos en el as de copas, y ellos podrían ser la misma pareja que ya ha conseguido su meta. El río al lado de su hogar representa sus emociones que fluyen alegremente. Los niños jugando nos muestran su alegría. El arcoíris representa la felicidad.

Este arcano nos habla de felicidad compartida, de familia y de hogar. Representa el agradecimiento a la vida y a quienes sentimos que son los nuestros. Esta carta también hace referencia a la ecología y todo lo que tenga que ver con dejar un mundo mejor para los que vienen.

En la interpretación, en el mundo laboral nos hablará de un trabajo con buen ambiente y conciencia ecológica. En el terreno sentimental nos hablará de relaciones con el deseo de crear un hogar. Si ya tenemos pareja, felicidad.

¿Cómo es tu familia ideal?

10 SÁBADO

11 DOMINGO

OCTUBRE

12 LUNES

Sota de oros: comunico de manera concreta y ordenada.

13 MARTES

14 MIÉRCOLES

15 JUEVES

16 VIERNES

Mi carta para la semana es el rey de espadas.
¿Qué me aconseja?

OCTUBRE

COMBINACIÓN: 4 DE ESPADAS Y 10 DE COPAS

El 4 de espadas es un arcano que nos habla de la necesidad de descansar para poder poner orden a nuestros pensamientos. El 10 de copas a su lado nos puede estar hablando de la necesidad de poner orden y reflexionar acerca de asuntos familiares.

El 4 de espadas también puede hacer referencia a momentos de descanso físico o convalecencia, al lado del 10 de copas nos podría indicar la necesidad de tomarnos un tiempo de descanso en casa para recuperarnos. También podría hablarnos de ir a un lugar más saludable, donde la persona pueda relajarse y en contacto con la naturaleza.

Esta combinación nos podría aconsejar relajarnos y poner orden en nuestros temas personales, en el 4 de espadas sólo hay un personaje, para después poder disfrutar de la compañía de la familia.

Otro de los conceptos clave del 10 de copas son los valores ecológicos, con el 4 de espadas nos invita a reflexionar sobre estos valores. ¿Cómo son nuestros valores y acciones ecológicas? ¿Qué podemos hacer para dejar un mundo mejor a las generaciones venideras?

17 SÁBADO

18 DOMINGO

OCTUBRE

19 LUNES

9 DE BASTOS: pongo límites a las cargas del pasado.

20 MARTES

21 MIÉRCOLES

22 JUEVES

23 VIERNES

Mi carta para la semana es el rey de bastos.
¿Qué me aconseja?

REY DE BASTOS

OCTUBRE

LA ENERGÍA DE TAURO EN EL TAROT

Escorpio es un signo de agua: emotivo, intuitivo e imaginativo. Es un signo fijo, está en la mitad de la estación fijando y manteniendo. Por eso sus emociones son profundas e intensas, le cuesta soltar las emociones. Pero tiene un encanto especial, es magnético, seductor y cuando quiere es irresistible. Su regente es Plutón, que le aporta fuerza y una gran capacidad de regeneración. Le encanta el misterio y lo oculto. Su casa es la 8, que rige el sexo, entre otras cosas.

Seguro que después de leer esta descripción no te es difícil ver cuál de los arcanos mayores le representa…, muy bien, el Diablo. Este arcano comparte estas características: sexualidad, magnetismo, seducción, instintos, pasión, intensidad, le encantan los misterios…

El rey de copas es el rey que más conecta con esta energía, es muy sensible y sus emociones son intensas, sólo hace falta ver que su trono está en medio de estas aguas bien movidas. Él sabe moverse bien en este ámbito, estas emociones pueden llevarle a soñar e imaginar, pero también a las profundidades más oscuras y turbulentas.

¿Cómo te conectas con la energía de Escorpio? ¿Eres seductor? ¿Tus emociones son intensas?

---

24 SÁBADO

---

25 DOMINGO

OCTUBRE / NOVIEMBRE

26 LUNES

La Torre: me libero de todo aquello que me impide crecer.

27 MARTES

28 MIÉRCOLES

29 JUEVES

30 VIERNES

31 SÁBADO

1 DOMINGO

Mi carta para la semana es el 3 de copas.
¿Qué me aconseja?

NOVIEMBRE

Lectura del sexo

A veces nos encontramos en las sesiones de tarot que nos pregunta sobre temas sexuales: ¿por qué no tengo apetito sexual? ¿Qué puedo hacer para mejorar mi sexualidad? Esta lectura nos permite ver al consultante, su sexualidad actual, sus deseos y lo que realiza realmente. El inconsciente sexual nos permite ver si hay algún bloqueo. Como siempre, un consejo que es bienvenido.

Puedes realizar esta lectura sólo con los 22 arcanos mayores o con los 78.

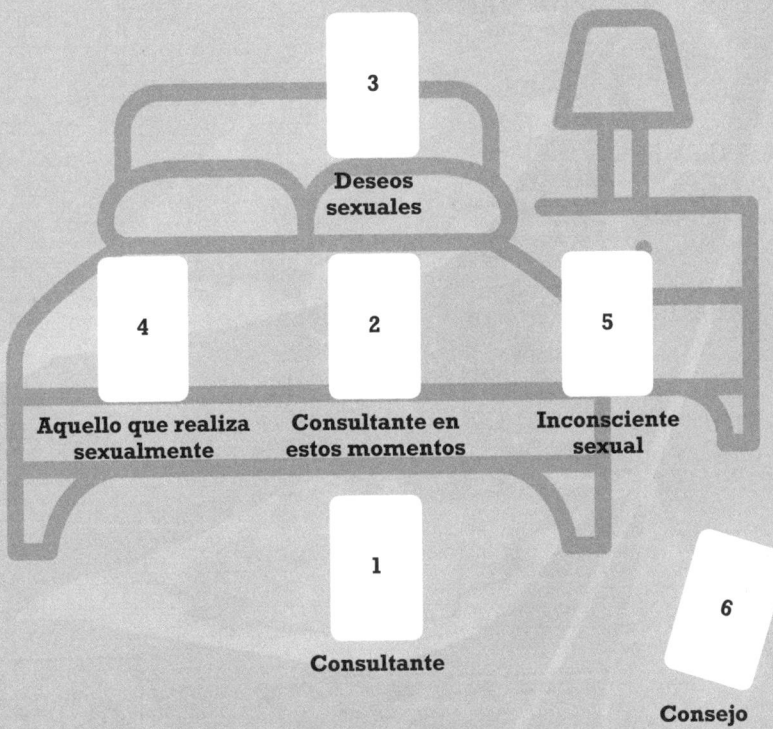

Haz tu propia lectura. Recorta las cartas que encontrarás al final de esta agenda y colócalas como se indica.

NOVIEMBRE

2 LUNES

7 DE COPAS: sueño alto y fuerte para que el universo me escuche.

3 MARTES

4 MIÉRCOLES

5 JUEVES

6 VIERNES

Mi carta para la semana es el 9 de copas.
¿Qué me aconseja?
....
....
....

NOVIEMBRE

ARCANO: **SOTA Y CABALLO DE COPAS**

Estas dos figuras representan a los jóvenes de copas y a personajes que van y que vienen con el corazón en la mano y con buenas intenciones.

Las sotas nos hablan de jóvenes, noticias, inicios y maneras de comunicar. La sota de copas nos habla de jóvenes sensibles, emotivos, imaginativos e intuitivos. Nos habla de noticias gratas y que nos harán felices. De inicios donde el corazón y las emociones serán los protagonistas. De manera de comunicar armoniosa, agradable, dulce y cariñosa.

El caballo de copas nos habla de circunstancias que avanzan de manera calmada, sin prisas, pero sin pausas. Hace referencia a personas que van y que vienen con buenas intenciones y ofreciendo sus sentimientos.

En la interpretación, en el ámbito laboral está relacionado con noticias que nos alegrarán y un buen avance profesional. En el plano amoroso nos habla de relación armoniosa, capacidad de expresar los sentimientos y un buen avance sentimental.

¿Cómo es tu comunicación emocional?

---

7 SÁBADO

---

8 DOMINGO

NOVIEMBRE

9 LUNES

El Diablo: conecto con mi magnetismo y poder personal.

10 MARTES

11 MIÉRCOLES

12 JUEVES

13 VIERNES

Mi carta para la semana es la Sacerdotisa.
¿Qué me aconseja?

NOVIEMBRE

COMBINACIÓN: EL ERMITAÑO Y CABALLO DE COPAS

En esta combinación, lo primero que observamos es que los personajes de ambas cartas van en dirección contraria, no se miran, esto nos indica la dificultad de integrar ambos significados. No sólo esto, sino que nos hablan de ritmos distintos.

El Ermitaño nos está pidiendo ir despacio para poder mirar hacia nuestro interior y así poder ver qué es lo que debemos cerrar y cuál es nuestro aprendizaje a realizar. Pero el caballo de copas nos está invitando a movernos con mayor agilidad, siguiendo a nuestro corazón y a un ritmo más alegre. Estos dos arcanos nos representan en esos momentos de contradicciones internas.

Si observamos las aguas de ambas cartas, en el Ermitaño vemos nieve, representa la necesidad de congelar nuestras emociones para poder realizar una buena búsqueda interior mientras que en el caballo de copas observamos un rio, representando las emociones que fluyen, que son las que sigue nuestro consultante.

El primero sostiene un farolillo para poder buscar la iluminación y el otro tiene una copa porque se mueve escuchando su corazón y buscando amar y ser amado.

---

14 SÁBADO

---

15 DOMINGO

NOVIEMBRE

16 LUNES

2 DE BASTOS: tengo la base y el poder para poder llegar.

17 MARTES

18 MIÉRCOLES

19 JUEVES

20 VIERNES

Mi carta para la semana es el 7 de espadas.
¿Qué me aconseja?

NOVIEMBRE

DÍA INTERNACIONAL DEL TAROMANTE

El día 22 de noviembre es el Día Internacional del Taromante. ¡Es nuestro día! Es el día en el que celebramos la pasión por el tarot, cuando los tarotistas, tarólogos, taromantes, consultantes, filotarotistas, estudiantes, etc., nos reunimos para celebrar nuestro día. Desde hace ya varios años, desde la Red Internacional de Congresos de Tarot, que hoy incluye a España, Argentina, México, Ecuador, Uruguay, Brasil, Chile, Colombia, Miami (EE. UU.), Portugal e Italia, impulsamos distintas actividades en las redes para visibilizar el tarot, compartir y sentirnos unidos. Preparamos vídeos, frases, actividades e imágenes en los que animamos a todos a participar. Esto hace que sintamos que formamos parte de algo. Y con estas actividades somos conscientes de que el tarot no tiene fronteras, sino todo lo contrario, las elimina.

Durante este día también recordamos a todas aquellas personas que a lo largo de los siglos han trabajado por el tarot y han dejado su legado: a los estudiosos, a los que nos han abierto camino, a las personas con nombre y también a las anónimas.

¡Búscanos en las redes @escolaMariloCasals y @redinternacionalcongresostarot y únite a esta celebración con tus posts y vídeos!

21 SÁBADO

22 DOMINGO

NOVIEMBRE

23 LUNES

El Sumo Sacerdote: pongo sentido común y valores a mis actos.

24 MARTES

25 MIÉRCOLES

26 JUEVES

27 VIERNES

Mi carta para la semana es el Juicio.
¿Qué me aconseja?

NOVIEMBRE

LA ENERGÍA DE SAGITARIO EN EL TAROT

Sagitario es un signo de fuego: entusiasta, enérgico, vital, con confianza, espontáneo y directo. Al estar al final de una estación del año es un signo mutable, tiene una buena capacidad para adaptarse a las circunstancias. Le encantan las aventuras y viajar, es independiente. Su regente es Júpiter. Es un eterno explorador, es expansivo y las creencias y valores son importantes para él.

El Carro, además de representar al signo de Cáncer, también tiene parte de esa energía sagitariana que le lleva a avanzar con confianza para poder explorar nuevos territorios que le aporten nuevas enseñanzas y experiencias. La Templanza conecta con esa parte de Sagitario que le permite adaptarse y fluir en los distintos escenarios y situaciones de la vida. Su buen carácter y la necesidad de dar un sentido elevado a su vida.

La sota de bastos representa a un joven entusiasta vital, enérgico, directo confiado que mira el futuro con esperanzas y ganas de explorarlo. Representa la comunicación directa, clara, apasionada y espontánea.

¿Cómo conectas con esta energía? ¿Te gusta explorar o prefieres lo conocido? ¿Eres optimista?

28 SÁBADO

29 DOMINGO

NOVIEMBRE / DICIEMBRE

30 LUNES

4 DE COPAS: pongo orden a mis emociones y sentimientos.

1 MARTES

2 MIÉRCOLES

3 JUEVES

4 VIERNES

5 SÁBADO

6 DOMINGO

Mi carta para la semana es el 6 de bastos.
¿Qué me aconseja?
....
....
....

DICIEMBRE

Lectura de la boda o la convivencia

Todos sabemos que una cosa es salir con una persona y otra es convivir con esa persona. Esta lectura nos permite ver la compatibilidad de esas dos personas, lo que traen del pasado, los retos y la evolución de su convivencia a corto, medio y largo plazo. En este caso te recomiendo que utilices los 78 arcanos, pues te darán una información más concreta.

Puedes realizar esta lectura sólo con los 22 arcanos mayores o con los 78.

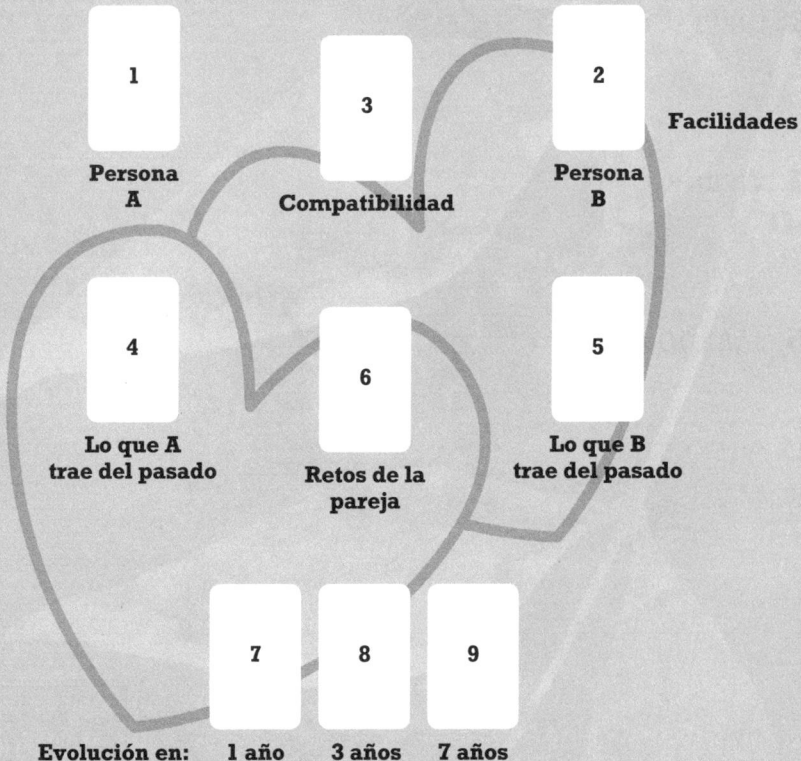

Haz tu propia lectura. Recorta las cartas que encontrarás al final de esta agenda y colócalas como se indica.

DICIEMBRE

7 LUNES

2 DE OROS: busco la manera y los recursos de sortear los altibajos.

8 MARTES

9 MIÉRCOLES

10 JUEVES

11 VIERNES

Mi carta para la semana es el 10 de copas.
¿Qué me aconseja?
....
....
....

DICIEMBRE

ARCANO: REINA Y REY DE COPAS

Estos dos reyes son los máximos representantes del palo de copas. Representan a personas emotivas, sensibles, imaginativas e intuitivas. Necesitan querer y ser queridos. Son románticos y soñadores.

La reina de copas está sentada en un trono en tierra firme, pero que le permite tocar el agua del mar, combina esta parte más terrena con la emocional. Ella necesita sentirse segura emocionalmente. Sostiene en sus manos una copa en forma de cáliz custodiada por dos ángeles. Es la única copa cerrada que encontraremos en el tarot, representa la espiritualidad y los misterios que ella conoce y que sólo están al alcance de unos pocos.

El rey de copas está en su trono en medio del mar, es un rey que sabe moverse en el mundo de las emociones. Es romántico y cariñoso. Es un rey que sabe escuchar y posee dotes artísticas. Prefiere un buen ambiente a la competencia para poder escalar laboralmente. Necesita espacios de tranquilidad para poder soñar.

¿Qué cualidades tienes tú del rey o la reina?

12 SÁBADO

13 DOMINGO

DICIEMBRE

14 LUNES

9 DE OROS: me merezco lo bueno que me da la vida y disfruto de ello.

15 MARTES

16 MIÉRCOLES

17 JUEVES

18 VIERNES

Mi carta para la semana es el 4 de espadas.
¿Qué me aconseja?

DICIEMBRE

COMBINACIÓN: REY DE BASTOS Y REINA DE COPAS

En esta combinación tenemos dos figuras de la corte, un rey y una reina. Representan a dos personas muy distintas. Recientemente, en la semana anterior hablamos de la reina de copas, una mujer sensible, emotiva, imaginativa, que necesita querer y ser querida y que busca la estabilidad emocional. Pero ¿cómo sería su relación sentimental con un rey de bastos?

Lo primero que podemos observar, que ambos tienen un carácter muy diferente, no comparten palo, ella es de copas y él es de bastos. No comparten energía, él es activo y ella es pasiva. Si nos fijamos bien, estos dos arcanos nunca pueden mirarse a los ojos, siempre hay uno que estará más pendiente que el otro.

Puntos fuertes de la relación: al ser muy diferentes se complementan, él le pone chispa, pasión y el dinamismo. Ella le pone cariño, emoción y romanticismo.

Puntos débiles de la relación: él necesita sus espacios para ser independiente, le encantan las aventuras y hacer vida social. A ella le gusta la compañía, necesita más mimitos de los que él le da y es más hogareña. Éstos son los puntos en que deberán ponerse de acuerdo.

19 SÁBADO

20 DOMINGO

DICIEMBRE

21 LUNES

Los Enamorados: pongo el corazón y me implico en lo que hago.

22 MARTES

23 MIÉRCOLES

24 JUEVES

25 VIERNES

Mi carta para la semana es el 8 de bastos.
¿Qué me aconseja?

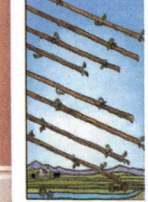

DICIEMBRE

LA ENERGÍA DE CAPRICORNIO EN EL TAROT

Capricornio es un signo de tierra: trabajador, realista y práctico. Al estar iniciando una estación del año, es un signo cardinal, tiene capacidad para empezar y liderar. Es un signo paciente y perseverante, generalmente acaba consiguiendo aquellas metas que se propone gracias a su esfuerzo y dedicación. Es más bien tradicional y el tiempo va a su favor. Su regente es Saturno, el dios del tiempo.

El Ermitaño tiene mucha conexión con esta energía, es paciente, perseverante, se toma su tiempo para las cosas, es más bien conservador y siempre tiene una mirada puesta en el futuro, para cuando sea mayor.

El as de oros es el arcano con el que empezamos la energía de tierra, igual que Capricornio tiene la capacidad de saber aprovechar las oportunidades para poderse enriquecer a cualquier nivel. La reina de oros representa a este signo, observa las cabezas de cabra que están en su reposabrazos, ella sabe sacar el máximo partido a cada situación.

¿Cómo conectas con esta energía? ¿Eres paciente y perseverante? ¿Sabes sacar el máximo partido de las situaciones?

---

26 SÁBADO

---

27 DOMINGO

SOLSTICIO DE INVIERNO

EL 21 DE DICIEMBRE EMPIEZA EL SOLSTICIO DE INVIERNO EN EL HEMISFERIO NORTE[1]

El solsticio de invierno es el momento en el que la noche es más larga, es el momento en el que hay menos horas de luz. Es momento de recogimiento y de reflexión, es ahora cuando podremos enfrentarnos a nuestra sombra y podemos hacer grandes cambios. La carta que representa la nueva estación, el invierno, es la Muerte.

El arcano XIII representa el invierno, porque es el momento en el que la naturaleza está más quieta, está como dormida. Esta estación del año nos invita a meditar, a reflexionar sobre el sentido de la vida y de la muerte. Nos ayuda a ser conscientes de nuestras necesidades y de quiénes somos. Es en estos momentos donde podremos gestar los nuevos cambios y transformaciones que queremos hacer.

A partir de este día, las horas de luz irán aumentando e irán iluminando este nuevo camino, estos nuevos propósitos, estos nuevos retos para poder seguir creciendo y avanzando como seres humanos con conciencia.

¡Feliz invierno!

---

1. Si eres del hemisferio sur, dirígete al solsticio de verano.

Lectura del solsticio de invierno

En este momento de recogimiento, no hay nada mejor que una buena lectura para prepararnos para esta nueva estación del año. Con esta lectura podrás ver qué quieres soltar y qué deseas iluminar.

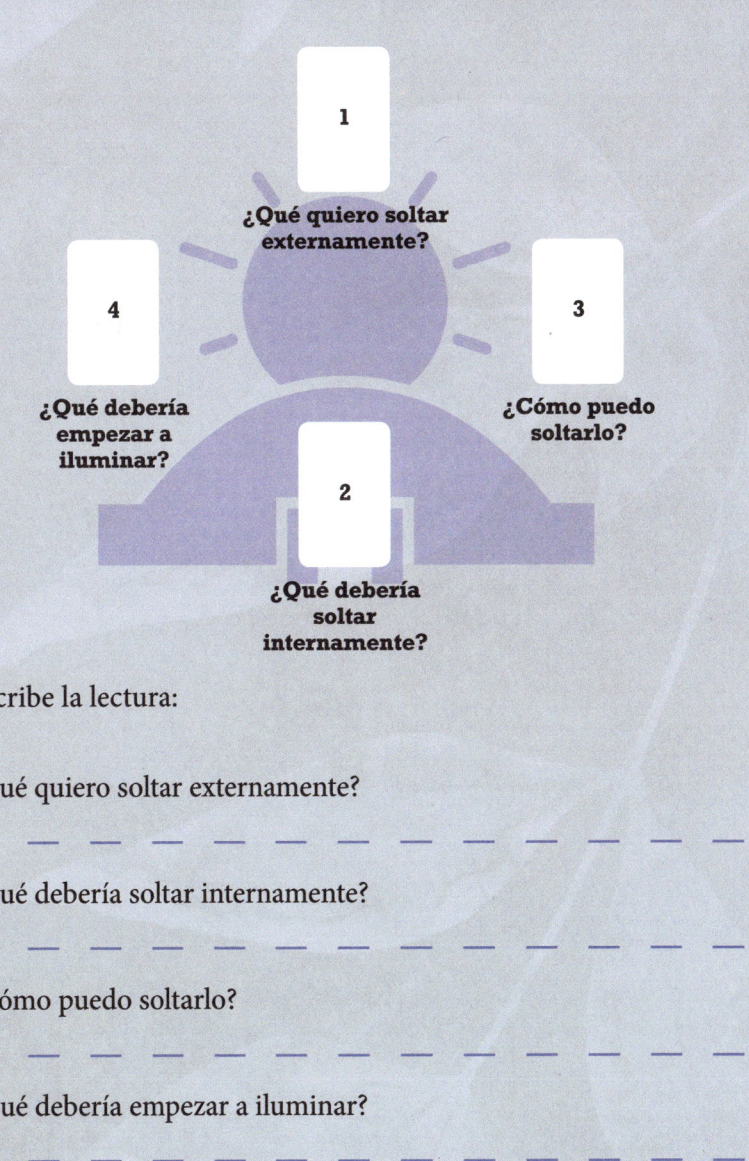

Escribe la lectura:

¿Qué quiero soltar externamente?

_ _ _ _ _ _ _ _ _ _ _ _ _

¿Qué debería soltar internamente?

_ _ _ _ _ _ _ _ _ _ _ _ _

¿Cómo puedo soltarlo?

_ _ _ _ _ _ _ _ _ _ _ _ _

¿Qué debería empezar a iluminar?

_ _ _ _ _ _ _ _ _ _ _ _ _

DICIEMBRE / ENERO

28 LUNES

La Sacerdotisa: escucho mi interior y encuentro mi intuición.

29 MARTES

30 MIÉRCOLES

31 JUEVES

1 VIERNES

Mi carta para la semana es el Emperador.
¿Qué me aconseja?

ENERO

CÓMO DESPEDIR EL AÑO

El tiempo pasa rápido y sin darnos cuenta ya estamos a final del año. La carta del Mundo es la última carta del tarot y nos recuerda que el año ha culminado. Lo primero que nos dice es que hayamos vivido lo que hayamos vivido, hayamos hecho lo que hayamos hecho, eso es lo que debía de ser, hemos hecho todo aquello que estaba en nuestras manos y todo está bien. Tomemos conciencia de esto: el 2026 llega a su fin y es momento de integrar todo lo vivido.

Pongámonos en el centro de nuestra vida y reflexionemos sobre todas las vivencias y experiencias. Por las buenas demos gracias, sintámonos agradecidos y felices. Por las situaciones difíciles que hayamos vivido pensemos en lo que nos han enseñado. Al final de año nos toca integrar ambas partes, los momentos difíciles y los buenos, que nos hacen personas completas.

La carta del Mundo es una carta gestadora, todo lo vivido este año nos permitirá volver a nacer y a empezar el año que viene. ¿Cómo quiero nacer este próximo año? ¿Qué es lo que he aprendido? ¿Qué es lo que no quiero repetir? ¿Cuál puede ser mi mejor versión?

2 SÁBADO

3 DOMINGO

CORRESPONDENCIAS

A continuación aparecen unos cuadros con las correspondencias de los 22 arcanos y la astrología, animal, planta, mito, mineral y aroma. De cada arcano hay múltiples posibilidades, aunque yo he elegido aquella que he creído que podía resaltar. Cuando tengamos que trabajar o profundizar con algún arcano, puede resultar de ayuda trabajar también con sus correspondencias.

ARCANO	ASTROLOGÍA
MAGO	**Mercurio.** Por su capacidad de comunicación. Mente.
SACERDOTISA	**Luna.** Intuición, principio femenino, el alma.
EMPERATRIZ	**Venus.** Capacidad de disfrutar de la belleza. Sociabilidad. Emoción.
EMPERADOR	**Aries.** Empuje, ambición y capacidad de lucha. Acción.
SACERDOTE	**Tauro.** Estabilidad y seguridad.
ENAMORADOS	**Géminis.** Dualidad.
CARRO	**Cáncer.** Importancia de la familia. / **Sagitario.** Ganas de aventura.
JUSTICIA	**Libra.** Búsqueda del equilibrio. Leyes universales.
ERMITAÑO	**Capricornio.** Paciencia, perseverancia y longevidad.
RUEDA	**Júpiter.** Abundancia y suerte.
FUERZA	**Leo.** León, fuerza interior. / **Virgo.** Mujer, humildad.
COLGADO	**Piscis.** Espiritualidad y capacidad de renuncia y sacrificio.
MUERTE	**Plutón.** Transformaciones.
TEMPLANZA	**Júpiter.** Protección, valores y pasión por viajar.
DIABLO	**Escorpio.** Magnetismo y capacidad de seducción. Instinto.
TORRE	**Urano.** Imprevistos, rupturas. / **Marte.** Acción.
ESTRELLA	**Acuario.** Fraternidad, grupos, ilusiones.
LUNA	**Piscis.** Sensibilidad, agua, intuición. / **Luna.** Noche, feminidad.
SOL	**Sol.** Seguridad, brillo, confianza.
JUICIO	**Plutón.** Resurgir, resucitar. / **Saturno.** Conciencia de lo aprendido.
MUNDO	**4 elementos.**
LOCO	**Urano.** Avanzado, libre, original y lanzado.

ARCANO	ANIMAL
MAGO	**Mono.** Inteligencia, participación y animación.
SACERDOTISA	**Gato.** Independencia. Capacidad de ver y sentir lo que otros no ven.
EMPERATRIZ	**Cisne.** Simboliza la belleza y la elegancia en el ser y en las formas.
EMPERADOR	**Carnero.** Guía y conduce al rebaño. Tiene gran fuerza y resistencia.
SACERDOTE	**Toro.** Fuerza, firmeza, resistencia.
ENAMORADOS	**Tórtolas.** Símbolo de felicidad y de afecto entre los seres humanos.
CARRO	**Caballo.** Nobleza, movimiento, fuerza, avance y energía.
JUSTICIA	**Pavo real.** Belleza, sus alas representan el firmamento estrellado.
ERMITAÑO	**Elefante.** Sabiduría, conocimiento, resistencia.
RUEDA	**Ciervo.** Símbolo de renovación y crecimiento por su cornamenta.
FUERZA	**León.** Potencia la fuerza, la energía personal y conecta con las pasiones.
COLGADO	**Cordero.** Pureza, inocencia, mansedumbre.
MUERTE	**Escarabajo.** Símbolo de transmutación, de renacimiento.
TEMPLANZA	**Gacela.** Sensibilidad del alma, ayuda a huir de las pasiones bajas.
DIABLO	**Serpiente.** Energía pura, sabiduría y seducción. Ansiedad de conocimiento.
TORRE	**Lobo.** Valentía, ferocidad. Conecta con nuestra parte salvaje.
ESTRELLA	**Halcón.** Mente elevada, espíritu libre, ver las cosas con perspectiva.
LUNA	**Búho.** Simboliza la sabiduría y el conocimiento. Intuición.
SOL	**Salamandra.** Espíritu del fuego. Aporta energía, vitalidad y suerte.
JUICIO	**Cóndor.** Nos enseña a tomar conciencia y a volar encima de las limitaciones.
MUNDO	**Todos los animales y seres vivos que forman parte del cosmos.**
LOCO	**Mariposa.** Cambio, simboliza el alma.

ARCANO	PLANTA
MAGO	**Albahaca.** Claridad mental, nos da calma y tonifica el sistema nervioso.
SACERDOTISA	**Salvia.** Energía femenina, potencia la memoria y la intuición.
EMPERATRIZ	**Rosa roja.** Nos conecta con la belleza y el deseo.
EMPERADOR	**Clavel.** Despierta la pasión y el deseo. Aumenta el tono vibracional.
SACERDOTE	**Gardenia.** Nos ayuda a conectar con nuestra esencia.
ENAMORADOS	**Alegrías.** Alegría, buen ambiente en el hogar, intercambio sentimental.
CARRO	**Ruda.** Decisión, voluntad, progreso, triunfo, dirección.
JUSTICIA	**Aloe.** Sensación de bienestar, equilibrio interno, purifica el entorno.
ERMITAÑO	**Romero.** Fortaleza física y seguridad interior. Autocontrol.
RUEDA	**Trébol.** Suerte y protección. Optimismo y claridad mental.
FUERZA	**Olivo.** Paciencia, sabiduría, serenidad, paz y regeneración espiritual.
COLGADO	**Pasiflora.** Iniciación espiritual, paz interna, fuerza interior, comprensión.
MUERTE	**Ciprés.** Regenerador físico, mental y espiritual. Aceptación y esperanza.
TEMPLANZA	**Retama.** Fe y perseverancia, crecimiento y evolución. Calma y bienestar.
DIABLO	**Estramonio.** Conecta con los instintos y con nuestros deseos escondidos.
TORRE	**Ortigas.** Utilizadas para eliminar malas energías, limpian y regeneran.
ESTRELLA	**Margarita.** Estimula el apetito y el organismo. Mejora nuestras relaciones.
LUNA	**Artemisa.** Potencia la clarividencia, fomenta el psiquismo y los sueños.
SOL	**Girasol.** Restablece la autoestima, la confianza y la seguridad en uno mismo.
JUICIO	**Campanilla.** Comunicación y comprensión, canalización. Despertar.
MUNDO	**Laurel.** Simboliza el éxito, purifica, nos protege y nos inspira.
LOCO	**Árnica.** Percepción, divina locura, libertad, seguir el corazón.

ARCANO	MITO
MAGO	Hermes, Apis, Thot.
SACERDOTISA	Artemisa, Isis.
EMPERATRIZ	Afrodita, Venus, Deméter, Gaya.
EMPERADOR	Ares, Marte, Zeus.
SACERDOTE	Quirón.
ENAMORADOS	Paris, Cupido.
CARRO	Zeus, Júpiter.
JUSTICIA	Atenea, Minerva.
ERMITAÑO	Cronos, Ganesha.
RUEDA	Las tres moiras: Cloto, Láquesis y Atropo.
FUERZA	Hestia, Hércules.
COLGADO	Neptuno, Prometeo, Odín.
MUERTE	Hades, Anubis, Kali, Shiva.
TEMPLANZA	Iris.
DIABLO	Dioniso, Baco, Pan, Fauno.
TORRE	Vulcano, Hefesto, Minos, Agni.
ESTRELLA	Urania, musa de la astronomía, Pandora.
LUNA	Selene, Hécate.
SOL	Apolo, Helios, Osiris, Vishnu.
JUICIO	Saturno, Hermes el Psicopompo.
MUNDO	Huevo cósmico.
LOCO	Urano.

ARCANO	MINERAL / GEMA / PIEDRA
MAGO	**Pirita.** Transmisora, amplía las propiedades de las que estén a su lado.
SACERDOTISA	**Perla.** Nos sensibiliza, nos hace más amables y tolerantes.
EMPERATRIZ	**Cuarzo rosa.** Felicidad emocional, abre el corazón y suaviza el carácter.
EMPERADOR	**Rubí.** Potencia el valor y el honor. Vitalidad, salud, poder y éxito.
SACERDOTE	**Zafiro azul.** Activa el sentido de la verdad y de la sabiduría.
ENAMORADOS	**Ópalo irisado.** Fomenta situaciones románticas. Da vigor y alegría.
CARRO	**Lapislázuli.** Despierta la mente, desbloquea los chacras y facilita la comunicación.
JUSTICIA	**Esmeralda.** Estabiliza, purifica el espíritu, nos tranquiliza. Aumenta el juicio.
ERMITAÑO	**Ónix.** Mitiga el miedo a lo desconocido, favorece la meditación.
RUEDA	**Jacinto de Compostela.** Suerte y riqueza material.
FUERZA	**Ámbar.** Clarifica el pensamiento, libera la ansiedad, alivia los nervios.
COLGADO	**Amatista.** Aumenta el psiquismo, aporta calma y claridad. Meditación.
MUERTE	**Azabache.** Alto poder energético y vibratorio. Protector.
TEMPLANZA	**Citrino.** Expansivo y relajante. Aumenta la confianza en uno mismo. Aclara la mente.
DIABLO	**Granate.** Despierta y anima. Aumenta el deseo sexual. Poder, magnetismo.
TORRE	**Jaspe rojo.** Protege de las malas energías. Repara la energía física.
ESTRELLA	**Amazonita.** Tranquilizante, armoniza las energías, alegría.
LUNA	**Adularia.** Sensibiliza, potencia la intuición y conecta con la feminidad.
SOL	**Topacio amarillo.** Útil para dirigir y centrar las energías. Creatividad.
JUICIO	**Cuarzo ahumado.** Absorbe y almacena energía. Seguridad y protección.
MUNDO	**Cristal de roca.** Equilibra los chacras. Encierra la esencia de lo universal.
LOCO	**Pirita.** Es una piedra potenciadora, transmisora.

ARCANO	AROMA
MAGO	**Albahaca.** Bienestar físico y seguridad. Despeja y estimula la mente.
SACERDOTISA	**Loto.** Inspirador, nos conecta con el corazón y con lo místico.
EMPERATRIZ	**Rosa.** Bienestar, sensualidad, felicidad, paz y amor.
EMPERADOR	**Clavel.** Purifica el entorno y aumenta el tono vibracional.
SACERDOTE	**Magnolia.** Tranquilidad, concentración, adaptación, constancia y paz.
ENAMORADOS	**Lavanda.** Potencia los sentidos. Reconciliación sentimental.
CARRO	**Eucalipto.** Protección, purificación, curación, salud. Limpia el ambiente.
JUSTICIA	**Geranio.** Equilibra el amor, estimula la memoria. Equilibra la tensión y el estrés.
ERMITAÑO	**Romero.** Despierta la mente y ayuda a la concentración.
RUEDA	**Jazmín.** Ayuda a relajar la mente y a descansar. Amor espiritual.
FUERZA	**Cedro.** Purificador, evita los malos sueños y los miedos. Purifica.
COLGADO	**Violeta.** Sensibilidad, intuición, percepción, humildad y silencio.
MUERTE	**Mirra.** Calma los miedos y la ansiedad. Purifica y mejora el estado anímico.
TEMPLANZA	**Lotus.** Potencia la espiritualidad, purifica y calma las emociones.
DIABLO	**Almizcle.** Genera y aumenta el magnetismo personal, estimulante sexual.
TORRE	**Brezo.** Despierta la mente. Rompe la negatividad y limpia.
ESTRELLA	**Azahar.** Sensación de bienestar, tranquilidad, felicidad y suerte.
LUNA	**Sándalo.** Potencia el conocimiento espiritual, ayuda a meditar.
SOL	**Bergamota.** Aumenta el estado anímico y vibracional. Aclara la mente.
JUICIO	**Pino.** Aumenta nuestra energía. Purifica y aclara la mente y los miedos.
MUNDO	**Incienso natural.** Atrae la suerte y purifica.
LOCO	**Benjuí.** Purifica el ambiente, estimulante físico y mental.

Cartas para recortar y pegar en tus lecturas

**Cartas para recortar
y pegar en tus lecturas**

**Cartas para recortar
y pegar en tus lecturas**

**Cartas para recortar
y pegar en tus lecturas**

Cartas para recortar y pegar en tus lecturas

MIS CONTRASEÑAS

WEB _____
Usuario _____
Contraseña _____

WEB _____
Usuario _____
Contraseña _____

WEB _____
Usuario _____
Contraseña _____

WEB _____
Usuario _____
Contraseña _____

WEB _____
Usuario _____
Contraseña _____

WEB _____
Usuario _____
Contraseña _____

MIS CONTRASEÑAS

WEB _____
Usuario _____
Contraseña _____

WEB _____
Usuario _____
Contraseña _____

WEB _____
Usuario _____
Contraseña _____

WEB _____
Usuario _____
Contraseña _____

WEB _____
Usuario _____
Contraseña _____

WEB _____
Usuario _____
Contraseña _____

Notas:

Notas:

Notas:

Notas:

DESPEDIDA

Ya hemos terminado un año más, con sus alegrías, sus dificultades, los encuentros y desencuentros con nuestro entorno. Es momento de agradecer todo lo bueno y aprender de todos los retos que se nos han presentado. A mí me gusta mucho esta frase: «Aceptar, tomar nota y soltar». Ahora es momento de soltar y cerrar para poder prepararnos para el próximo año. Un nuevo año lleno de posibilidades.

Agradezcamos al tarot su guía, sus consejos y todas las aportaciones que nos han hecho más fácil este año 2026. En esta agenda te quedan los recuerdos de momentos vividos, de las experiencias que han llenado tu vida durante 365 días. Agradezcamos cada uno de estos días.

Este año nos han acompañado especialmente las copas, espero que hayas podido conectar bien con su energía, que te hayas emocionado, llorado de tristeza y de alegría. Espero que te hayas sentido rey o reina de copas, que hayas soñado y que tus sueños se hayan cumplido, y los que no, que hayas aprendido por qué. El próximo año profundizaremos en el elemento aire, prepárate para pensar, reflexionar, analizar y hacer estrategias. ¿Estás preparado/a para conectar y afinar tu mente y tus pensamientos? Si es así, te invito a acompañarme con la agenda del 2027.

Como siempre, llegados a este punto, quiero agradecerte la confianza y el hecho de qu hayas elegido esta agenda para que te guíe y te acompañe durante este 2026. ¡Gracias de corazón!

Agradezco M.ª Carmen Mediavilla, Juli Peradejordi y todo el equipo de Ediciones Obelisco por hacer posible este proyecto. Gracias.

Agradezco al tarot y a la vida porque nunca dejan de sorprenderme. Gracias.

¡FELIZ AÑO NUEVO Y FELIZ TAROT!

ACERCA DE LA AUTORA

M.ª del Mar Tort i Casals (1966) es fundadora y directora de la Escola Mariló Casals desde el año 2000, institución que es un referente en los ámbitos del tarot y la astrología por su metodología propia, sus valores y por un proceso de formación que permite el desarrollo de sus alumnos como profesionales.

En **2006 puso en marcha su escuela *online*,** en la que ya se han formado más de 7000 alumnos. Desde el año 2020, la escuela *online* incorpora un amplio abanico de cursos en Zoom, que permiten trabajar semanalmente, en grupos y en directo, con las profesoras desde cualquier parte del mundo.

Es autora del libro *Manual de interpretación del tarot* (2014), *Manual de interpretación de tarot con los 78 arcanos* (2017), *El arte de interpretar el tarot* (2023) y de la libreta de lecturas que los acompañan. También es la creadora del *Tarot de las sensaciones* (2021). Y, desde el año 2019, de las agendas de tarot, todos ellos publicados en Ediciones Obelisco.

La divulgación es una de sus grandes pasiones y es la creadora principal del contenido del canal YouTube, Escola Mariló Casals, con más de 10 000 000 de visualizaciones y más de 90 000 suscriptores. También en Instagram cuenta con un perfil de más de 30 000 segui dores y en TikTok con más de 10 000, desde donde interactúa cada semana con sus charlas de tarot y astrología.

Es redactora, divulgadora e impulsora del Código Ético del Tarot y del Primer Manifiesto del Tarot. Asimismo, es **madrina de la Red Internacional de Congresos de Tarot,** con presencia en más de nueve países de habla hispana y directora del Congreso Internacional de Tarot de Barcelona (España).

Ha sido ponente en congresos de tarot y astrología en distintos países de habla hispana. Y también ha sido **organizadora del Congreso Ibérico de Astrología en 2011 y 2015.** Es miembro de la SEA (Sociedad Española de Astrólogos) y de la UILA (Universidad Internacional Libre de Astrología).

Es coautora del libro *Astropredicciones* (2017), publicado por la editorial Lucem, así como de *Casas astrológicas*, de la UILA. También es terapeuta Gestalt, formación que realizó de 2012 a 2016.

Puedes seguirme en:

Facebook: @mmartortcasals (búscame en mi página profesional)
Instagram: @mmartortcasals   @escolamarilocasals
Pinterest: @mmartortcasals   @EsMariloCasals
Tiktok: @mmartortcasals   @EscolaMariloCasals
Etsy: @EscolaMariloCasals

Si deseas aprender contenidos y más lecturas:
   Youtube: «escolamarilocasals» ¡Nos siguen más de 90 000 personas!
   Web: www.escolamarilocasals.com
Si deseas información del Congreso de Tarot:
   www.congresotarot.com
   www.redinternacionalcongresosdetarot.com
Si deseas adherirte al Código Ético del Tarot:
   www.eticaytarot.com
Si quieres comprar nuestros productos:
   www.escolamarilocasals.com/categoria-producto/tienda/

¡GRACIAS Y HASTA PRONTO!

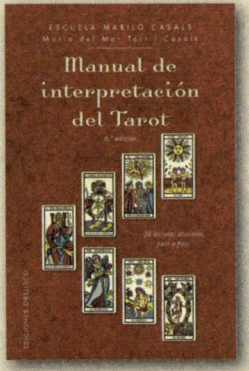
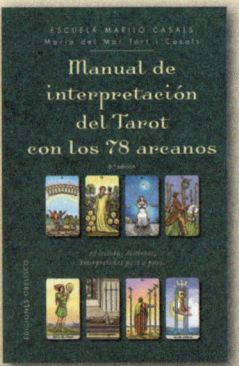

Colección Calendarios y Agendas
AGENDA DEL TAROT 2026
M.ª del Mar Tort i Casals

1.ª edición: septiembre de 2025

Maquetación: Juan Bejarano
Corrección: Sara Moreno
Diseño de cubierta: Enrique Iborra

© 2025, M.ª del Mar Tort i Casals, textos y cartas
(Reservados todos los derechos)
© 2025, Ediciones Obelisco, S. L.
(Reservados los derechos para la presente edición)

Edita: Ediciones Obelisco, S. L.
Collita, 23-25. Pol. Ind. Molí de la Bastida
08191 Rubí - Barcelona - España
Tel. 93 309 85 25
E-mail: info@edicionesobelisco.com

ISBN: 978-84-1172-275-9

Impreso en Gràfiques Martí Berrio, S. L.
c/ Llobateres, 16-18, Taller 7 - Nau 10. Polígono Industrial Santiga.
08210 - Barberà del Vallès - Barcelona

Printed in Spain

Ninguna parte de esta publicación, incluido el diseño de la cubierta, puede ser reproducida, almacenada, transmitida o utilizada en manera alguna ni por ningún medio, ya sea electrónico, químico, mecánico, de grabación o electrografiado, sin el consentimiento por escrito del editor, a excepción de las citas. Diríjase a CEDRO (Centro Español de Derechos Reprográficos, www.cedro.org) si necesita fotocopiar o escanear algún fragmento de esta obra.